高校学生思想政治教育创新研究

黄小兵　艾　昕　陈爱丽 ◎著

中国出版集团　| 全国百佳图书
中国民主法制出版社　| 出版单位

图书在版编目（CIP）数据

高校学生思想政治教育创新研究 / 黄小兵，艾昕，
陈爱丽著. — 北京：中国民主法制出版社，2023.9
　ISBN 978-7-5162-3419-8

　Ⅰ. ①高… Ⅱ. ①黄… ②艾… ③陈… Ⅲ. ①高等学校
—思想政治教育—教学研究—中国 Ⅳ. ①G641

　中国国家版本馆 CIP 数据核字（2023）第 186228 号

图书出品人：刘海涛

出 版 统 筹：石　松

责 任 编 辑：刘险涛　吴若楠

书　　　名/高校学生思想政治教育创新研究

作　　　者/黄小兵　艾　昕　陈爱丽　著

出版·发行/中国民主法制出版社

地址/北京市丰台区右安门外玉林里 7 号（100069）

电话/（010）63055259（总编室）　　63058068　63057714（营销中心）

传真/（010）63055259

http://www.npcpub.com

E-mail:mzfz@npcpub.com

经销/新华书店

开本/16 开　787 毫米×1092 毫米

印张/12.5　**字数/**200 千字

版本/2023 年 9 月第 1 版　2023 年 9 月第 1 次印刷

印刷/廊坊市源鹏印务有限公司

书号/978-7-5162-3419-8

定价/68.00 元

前　言

　　当前，科技发展日新月异，新技术、新产品、新业态、新模式层出不穷，社会思想领域的变化也日趋活跃。当代大学生是伴随着网络新媒体发展而成长起来的年轻一代，他们生活的校园环境、身处的社会环境、面对的舆论环境，都已经发生了翻天覆地的变化，他们的思想和价值观念呈现多元、多样、多变的特点。在这样的时代背景下，大学生思想政治教育工作就显得愈加重要。

　　面对新形势、新情况，大学生思想政治教育工作还不够适应，存在不少薄弱环节必须要在继承党的思想政治工作优良传统的基础上，积极探索新形势下大学生思想政治教育的新途径、新办法，努力体现时代性，把握规律性，富于创造性，增强实效性。事业繁荣、国家发展、民族进步离不开创新，同样，大学生思想政治教育工作也离不开创新。在新媒体成为大学生学习、生活不可或缺的一部分。

　　高校思想政治理论课程和马克思主义理论学科建设的真实的生命活力，在于真正地贴近、贴紧中国社会的实际，改变单纯在"书斋"里研究理论、建立体系的现象；要切实改变学术成果纯粹是论文或专著的现象，要突出对经济、政治、文化、社会、生态文明建设，以及党的建设等发展有重要意义的成果的肯定和褒扬；要把学术成果写在中国特色社会主义发展的过程和环节中，形成有利于、有助于中国特色社会主义发展的咨询报告、政策建议、发展规划等学术成果的集聚特色，真正体现高校思想政治理论课程和马克思主义理论学科在实现中华民族伟大复兴的中国梦，在实践中国道路、弘扬中国精神、凝聚中国力量中的推动力、作用力和影响力。

目录

第一章 思想政治教育概论

第一节 马克思主义是现代思想政治教育的理论基础

一、马克思主义是现代思想政治教育理论基础的确立依据

（一）马克思主义为现代思想政治教育提供了科学的世界观和方法论的指导

马克思主义哲学，即马克思主义的辩证唯物主义和历史唯物主义，揭示了自然界、人类社会和人类思维的本质及其发展规律，是一切学科研究的根本指导思想，理所当然也是现代思想政治教育及其学科的指导思想。马克思主义辩证唯物主义认为，世界的本原在于物质的统一性，物质是不断运动变化且有规律的；强调意识是对物质的能动的反映；要求认识和解决问题必须从实际出发，坚持全面、联系、发展的观点；指出实践是检验真理的唯一标准，实践出真知；等等。这就要求思想政治教育要富于成效而不是空洞的说教，就必须运用马克思主义唯物、辩证、实践的观点去认识、分析思想政治教育中所要解决的矛盾和问题。马克思主义的历史唯物主义揭示出生产力与生产关系、经济基础与上层建筑之间的矛盾运动是人类社会发展的基本规律，人民群众是历史的创造者，人的本质是一切社会关系的总和，等等。这就要求我们必须从人的彻底解放、实现人的全面发展的总体上把握思想政治教育规律。

科学社会主义理论为思想政治教育奠定了定向和导航的基础。它通过科学论证社会主义代替资本主义的历史必然性，要求人们必须站在无产阶级的立场上，为天下的劳苦大众谋福利，为社会的进一步发展而奋斗。这必然有助于思想政治教育开展正确的人生观和价值观教育。因为正确的人生观的树

立，关键就是要正确处理个人与他人、集体和社会的关系，崇高的价值观就是要为人民谋利益、为社会进步做贡献。

马克思主义政治经济学为思想政治教育地位的确立及其方法的运用提供了理论依据。它揭示了资本主义的基本矛盾，论述了生产力和生产关系、经济基础和上层建筑辩证统一的理论。这就要求我们必须大力开展思想政治教育，因为它是联结经济工作和政治大局的纽带，是经济工作和其他一切工作的生命线；同时，它又深刻阐明了经济关系和物质利益的原理，科学地解释人们从事社会实践活动的物质动因，这就要求开展思想政治教育必须结合经济工作一道去做。

（二）马克思主义为现代思想政治教育的发展提供了不竭的精神动力

马克思主义理论的本质特征是实践性。这种实践性特征，赋予了它根据新的实践不断丰富和发展自己的内在动力，使其具有与时俱进的理论品质。如，从马克思主义理论的创立来看，它是立足于19世纪中叶欧洲的工人运动、生产活动和科学实验这三大实践，通过马克思、恩格斯借鉴、吸收人类优秀文化思想成果，以及不断修改、刷新自己认识的基础上创立的。同样，它在运用于不同的国家、民族时，要求必须从这些国家、民族的实际出发，将理论与实际相结合，实行创新和发展。

马克思主义这种与时俱进的理论品质，为思想政治教育的发展提供了不竭的精神动力》它要求思想政治教育必须体现时代性、把握规律性、富于创造性。体现时代性、富于创造性，就是要求思想政治教育必须随着时代的发展要求而不断创新形式和内容；把握规律性，就是要求必须深刻揭示思想政治教育的新规律。规律是事物内在的固定的、本质的、必然的联系，规律不能创造和改变，只能发现、把握和利用。但是人们对规律的认识属于主观的客观的反映活动，而这种认识、反映的活动是永无止境的探索过程。因此，对规律的认识和利用也是永无止境的。对思想政治教育规律的揭示，我们已经取得了一些成果，如提出了适应超越律、协调控制律、双向互动律等。但是这些还远远不够，如何处理好社会意识形态的多元与一元的关系；如何既适应社会发展的要求，又要在主体的共同参与下推动社会改造和发展，以与社会发展的趋势保持一致；如何扩大主体参与思想政治教育活动的广度和各个主体间多向交往互动的深度；等等，这些仍然要求思想政治教育的工作者和理论研究者去探索、挖掘。

（三）马克思主义为现代思想政治教育学的建立和发展提供了直接的理论铺垫

思想政治教育学与思想政治教育，既有密切的联系又有显著的区别。联系在于，后者是前者形成的实践基础和源泉，前者是对后者实践经验的理论概括；区别在于，思想政治教育学以人的思想和行为的形成和发展的规律以及对人们进行思想政治教育的规律为研究对象，是一门科学体系；而思想政治教育则以人的思想和行为活动为对象，是一项社会实践活动。从两者所存在的显著区别来看，思想政治教育学能否成为一门科学，取决于它的研究对象即人的思想和行为活动，以及思想政治教育是否具有客观规律。而马克思主义尤其马克思主义哲学则科学地揭示了物质与意识、认识与实践的辩证统一关系，这就正确地回答了人们的思想和行为活动是否具有客观规律的问题，为思想政治教育学成为一门科学提供了世界观和方法论的指导。同时，从思想政治教育学的概念框架、研究方法和一般指导原则上看，无不以马克思主义作理论铺垫。如，思想政治教育学的基本范畴即思想和行为、内化与外化、主体与客体、教育与服务等，体现了矛盾的对立统一规律；思想政治教育学科学体系的框架即基础理论、功能价值论、过程规律论、系统管理论、方法理论等体现了思想政治教育活动遵循了从具体到抽象、再由抽象到具体这一原则。

（四）思想政治教育活动及其成效是马克思主义的价值体现

在阶级社会里，各个阶级的意识形态特别是思想政治教育理论总是反映了一定阶级的根本利益和要求，马克思主义思想政治教育也不例外。它的实践活动及其成效鲜明地反映它坚持马克思主义真理，坚持用共产主义思想体系教育人们，致力于社会主义新人的培养。如在现实生活中，通过有目的、有系统的思想政治教育，马克思主义的一些理论、观点转化为人们待人处事的态度和方式；通过思想、行为、价值引导等来实现马克思主义理论教育的效能，同时思想政治教育又把其过程中所发现的有重大影响的认识问题提升到马克思主义立场、观点和方法的高度加以理论解析，以及将实践中获得的成功经验加以总结后运用于马克思主义理论教育中。这些都为马克思主义的发展提供了鲜活的素材，促进马克思主义的发展。总之，思想政治教育活动及其成效，从侧面反映和论证了它坚持以马克思主义为理论基础的这一事实。

二、坚持以马克思主义为理论基础需要注意的原则

（一）坚持马克思主义理论指导的整体性

所谓"马克思主义理论整体性"，是指马克思主义所具有的严谨、完整的固有特性。正如列宁曾经对马克思主义整体性做过经典的论述，即马克思主义整体性是指马克思主义的"完备而严密"，这种"完备而严密，它给人们提供了……完整的世界观"。马克思主义理论的整体性具体表现为从马克思主义的形成、诞生来看，马克思主义是一个整体性学说；从学科构成来看，马克思主义是"板块结构"，即恩格斯和列宁从状态上分析把马克思主义分为哲学、政治经济学和科学社会主义三个组成部分，这三个学科板块存在着有机联系，使马克思主义成为一个完整的科学体系，充分体现了马克思主义的整体性；从马克思主义的"层次结构"。马克思主义可分为以下三个层次：第一层次（即最高层次）是根本方法，其不仅是马克思主义理论体系的灵魂、精髓，而且是马克思主义的方法论基础，所以它是"方法的灵魂"和"方法的方法"。第二层次（即中间层次）是基本原理，这是马克思主义比较稳定的一个层次。第三层次（即最低层次）是具体论断，这一层次与特定的时间、地点、条件相联系，具有动态发展性和"过程结构"（马克思主义在与各国实际相结合、应用的过程中发展形成的具体国别、民族形态和阶段形态，构成了一个完整的马克思主义理论体系）。马克思主义是一个完整的不可分割的有机整体。坚持马克思主义理论的整体性这一固有特性，是一切完整、准确理解马克思主义科学体系，领会其立场、观点、方法的精神实质的观点和态度的体现。它要求必须如实地把马克思主义作为一个严谨、完整的科学体系来认识和对待，反对任何肢解、割裂、歪曲或断章取义以及教条主义。

马克思主义理论的整体性特征，以及思想政治工作本身是一项复杂的系

统工程，这就要求思想政治工作应贯彻并体现马克思主义理论指导的整体性。在增强和改进受教育者的思想政治素质时，不仅要从横向层面，即从哲学、政治经济学和科学社会主义等方面，而且还要从纵向即"层次结构""过程结构"对其进行马克思主义的立场、观点和方法的教育。同时，现代思想政治教育学的研究、传播和教育实践也需要注意整体性。因为理论研究的整体性是思想政治教育学的第一特质，离开了这一点，该学科的存在价值就将受到质疑；同样，思想政治理论的传播与教育实践，也要注意整体性，它不仅仅是由思想政治教育活动独立承担的，其宣传和教育效果也不是由单一因素决定的，它是由社会变迁、大众传媒、家庭背景和外来文化等因素构成的一个综合影响的系统，因此，必须从整体上来探讨思想政治教育的规律。

（二）必须坚持以发展的马克思主义作为理论基础

马克思主义的理论品质是与时俱进，这就说明马克思主义是不断发展的理论。它的理论载体不仅体现在马克思、恩格斯创立的马克思主义上，而且还包括马克思主义在其他国家运用的过程中所发展起来、被各自国家实践所证明正确的理论原则和经验总结，如，列宁主义以及中国化的马克思主义理论成果——毛泽东思想和中国特色社会主义理论体系。这就决定了在思想政治教育中坚持以马克思主义为指导，不是固守马克思主义，而是要坚持以发展着的马克思主义为理论基础，以不断实现思想政治教育的创新和保持思想政治教育的生机活力。①要用发展着的马克思主义指导现代思想政治工作，必须从战略高度、以全新视角认识思想政治工作的特殊地位。②用发展着的马克思主义指导现代思想政治工作，必须与时俱进，不断增添新内容。因为，思想政治工作说到底是做人的思想转化工作，这是一个不断启发、引导、教育、鼓舞、激励的过程，涉及内容很广泛，实施的形式多种多样。③用发展着的马克思主义指导现代思想政治工作，必须反映内在规律要求，建立适应改革开放和社会主义市场经济的新工作机制。而建立适应改革开放和社会主义市场经济的思想政治工作新机制应着力体现在：强化思想政治工作领导机制、优化思想政治工作调控机制、注重思想政治工作渗透机制、完善思想政治工作评估机制、健全思想政治工作保障机制等方面。

第二节 思想政治教育的理论依据

一、马克思主义中的相关基本原理和理论是现代思想政治教育的主要理论依据

（一）社会存在与社会意识辩证关系、社会主义核心价值体系建设原理

物质与意识、社会存在与社会意识之间关系的不同回答，是划分唯物主义与唯心主义、历史唯物主义与历史唯心主义的根本区别。马克思主义是彻底的唯物主义，就在于科学地回答了这个问题。马克思主义既坚持物质决定论，又坚持意识能动论，在肯定物质决定意识的前提下，承认意识的反作用。马克思主义把这一唯物论原理运用到社会历史领域，创立了唯物史观，认为社会存在决定社会意识，社会意识依赖于社会存在且对社会存在具有能动作用。关于物质与意识、社会存在与社会意识辩证关系的原理，对正确认识思想政治教育的本质、地位和作用具有重要的理论意义和现实价值。首先，它要求在开展思想政治教育过程中，必须全面考察教育对象在社会经济生活和政治生活中所处的地位，以及周围所处的人际环境、文化氛围和身心发展的特点，有针对性地组织与实施思想政治教育活动；其次，它要求在开展思想政治教育过程中，必须依赖于一定的物质条件和物质手段，以引导和帮助受教育者实行思想的转变，形成正确的思想。另外，这个原理还要求在开展思想政治教育的过程中，必须要传播先进的思想、理论，以此武装人们的头脑，指导社会实践活动，促进社会的发展和进步。

按照社会学家的观点，一个社会的物质利益的矛盾和冲突，是可以通过发展社会生产力、对物质利益进行调节和协调来解决的，这对社会稳定和发展不会构成主要威胁；而一个社会的价值观念或价值体系发生对立和矛盾时，社会就会出现崩溃和瓦解。因此，任何社会都有自己的核心价值体系，这是一定的社会系统得以运转、一定的社会秩序得以维持的最基本的精神依托。党的十六届六中全会提出"建设社会主义核心价值体系"，即马克思主义指

导思想，中国特色社会主义共同理想，以爱国主义为核心的民族精神和以改革创新为核心的时代精神，社会主义荣辱观等，构成了社会主义核心价值体系的基本内容。这是一个内容丰富的价值体系，其中，马克思主义指导思想是灵魂，中国特色社会主义共同理想是主题，以爱国主义为核心的民族精神和以改革创新为核心的时代精神是精髓，社会主义荣辱观是基础。这一价值体系是在我国社会主义改革开放事业有了深入发展、社会主义生产力水平有了一定程度的提高、人民生活有了相当程度的改善这一关键时期提出来的，它对于我们深化认识中国特色社会主义本质、构建社会主义和谐社会，具有十分重大而深远的意义，特别是对思想政治教育不仅提出了新要求，又为思想政治教育创新提供了有利条件。①社会主义核心价值体系为新时期思想政治教育指出了正确的价值理念。确立社会主义核心价值体系，就是要通过其指导人们对价值有无的判断功能、价值优劣的选择功能、行为指导的规范功能和激励功能等作用，加强思想政治教育的成效，帮助人们正确认识转型时期出现新问题的必然性和解决、抑制社会不良现象的必然性，培养人们正确的态度和坚定的信念，健全人们对社会的认知和评价能力，加强自身道德品质修养，为构建和谐社会做出贡献。②社会主义核心价值体系为新时期思想政治教育提供了可靠的理论依据。只有坚持马克思主义基本原理同中国具体实际相结合，不断在实践的基础上推进理论创新，用发展着的马克思主义指导社会实践，才能保持马克思主义的强大生命力，才能制定正确的路线、方针、政策，才能凝聚全党全国各族人民的意志共同为崇高理想而奋斗。③社会主义核心价值体系为新时期思想政治教育提供了强大的精神动力。在构建和谐社会的过程中，用马克思主义中国化的最新成果武装全党、教育人民，用民族精神和时代精神凝聚力量，激发活力，倡导爱国主义、集体主义、社会主义思想，加强理想信念教育，加强国情和形势政策教育，能不断增强广大人民群众对中国共产党领导、社会主义制度、改革开放事业、全面建成小康社会目标的信念和信心；能引导人们树立正确的世界观、人生观、价值观，正确认识国家、民族的前途命运，自觉地把个人奋斗融入实现中华民族伟大复兴的奋斗之中。④社会主义核心价值体系从更高层面、更系统地进一步丰富和深化了思想政治教育的内容。其中，马克思主义指导思想是思想政治教育的灵魂；中国特色社会主义共同理想是思想政治教育的主题；民族精神与时代精神是思想政治教育的重点；社会主义荣辱观是思想政治教育的基础。

（二）关于人的本质和人的全面发展理论

思想政治教育是做人的工作，其实效性要求必须研究人的思想和行为，必须把握人的本质；另外，思想政治教育的根本目的和任务是培养全面发展的共产主义新人。因此，马克思主义关于人的本质和人的全面发展理论对思想政治教育具有重要理论指导意义。

对人本质的探讨，一直为古今中外思想家津津乐道的话题。关于此问题的论述有自然主义和唯心主义两大派别，前者将人的本质理解为生物的人的本质或具有感性外观的自然物，而后者将善或恶等一些理念赋予人的本质。马克思、恩格斯在批判、继承以往优秀思想的基础上，立足于人的实践活动，揭示出人们在其中活动和生活的社会关系，从而把握到了人的本质的形成变化发展及其表现的现实基础，对人的本质作了精辟而科学的概括。生产劳动决定着人的本质；人的本质是社会关系的总和；人在本质上是自然性、社会性和实践性的统一；人的本质既有共性也有个性，是共性和个性的统一；人的本质又随着历史的发展而发展等。可见，在人的本质问题上马克思、恩格斯既不同于唯心主义者把人当作一种虚幻的精神性的东西，也不同于旧唯物主义者仅把人当作一种自然存在物。

马克思主义关于"人的本质是一切社会关系的总和"的科学论断，为思想政治教育对人的思想的科学认识及其在此基础上开展的活动提供了理论指南。人的本质的自然性要求思想政治教育者必须对受教育者的心理实行一种确定的、有目的和系统的感化作用；人的本质的社会性决定思想政治教育要努力营造良好的社会环境，而思想政治教育也是一项社会化的工作，需各方共同进行；人的本质的实践性决定思想政治教育必须立足实践、注重实效；人的本质的多样性决定思想政治教育要根据个体差异因材施教；人的本质的历史性决定思想政治教育需要不断发展和创新。

现代思想政治教育的核心主题是做人的工作，这就决定了马克思主义关于人的全面发展理论对现代思想政治教育具有深厚的理论指导意义；一定程度上可以说，马克思主义是现代思想政治教育的理论依据和现实出发点、最终目的与归宿。社会的进步需要人的全面发展，这就要求在当前的条件下现代思想政治教育应发掘人的认识改造世界的内在潜能，从而推动社会和人自身的进步与发展，为进一步实现人的全面发展创造条件和夯实基础；个人的全面发展受诸多因素制约且具有阶段性，这就要求思想政治教育必须从实际出发，既不能滞后又不能超前，同时还要坚持继承、借鉴、创新的有机统一。

（三）关于灌输的理论

马克思主义经典作家们对灌输理论进行论述时都基于这样的一种认识，即人民由于历史条件、时代特征和自身因素等限制，不可能自发地产生科学社会主义思想，因此只有从外面灌输进去，才能提高人民的觉悟。"灌输"是用马克思主义的立场、观点和方法去宣传、教育、组织群众，使其为群众所掌握，并是在变成群众的自觉行动的过程中所必须完成的任务和必须遵守的准则，而不仅仅是一种方法和方式。

对于今天来说，马克思主义经典作家对灌输理论进行系统论述的时代特征已经时过境迁，而教育对象的思想特点也发生了很大变化。这就使得人们产生一个疑问：在新的历史条件下，灌输理论是不是显得过时？

实践证明，灌输理论是思想政治教育的基本原理。这一点不容轻视和动摇：①从所灌输的理论来看，真理理应需要大张旗鼓、不遗余力地去宣传。同时，马克思主义的科学世界观和方法论也不可能自发产生，不可能不学而知、不教而会。②从理论灌输的环境来看，面对各种利益关系的调整，人们的思想也呈现多样化趋势，马克思主义只有不断地灌输，才能抢占意识形态领域的阵地，使其理论形态转化为人们的思想观念，并最终转化为指导实践的物质力量。③从理论灌输的对象来看，尽管在当前我国改革开放的关键时期，人们的思想主流是好的，但也有一些丑恶现象严重侵蚀着人们的心灵；另外，广大青少年正处于世界观、人生观的形成期，可塑性强。这就需要仍然不能放弃正面理论的灌输和教育。④理论灌输不仅在社会主义国家普遍运用，而且在非社会主义国家也普遍运用。因为在任何具体社会形态中，统治阶级都十分重视意识形态领域的占领，努力把自己的政治思想灌输给每一位社会成员。正如美国政治学家奥勒姆所说的："任何社会为了生存下来必须成功地向社会成员灌输适合于维护其制度的思想"。

在当今思想政治教育遇到新的课题和挑战的条件下，坚持灌输理论，就必须要讲究原则和方法，以重建"灌输"理论，增强思想政治教育实效性。重点应从如下几方面着手：①提高灌输主体的综合素质，增强思想政治教育主体的能动性。②重视灌输客体的能动性，遵循思想政治教育的内化规律。③精选灌输内容，增强思想政治教育的时代感。④坚持全程和全方位的灌输机制，增强思想政治教育的渗透力。⑤改进灌输方式，实行灌输方法由过去的单向灌输向双向交流转变、由单纯说教方式向耐心教育与解决实际问题并重方式转变、由落后简单的传统灌输手段向具有更多科技含量的现代灌输手段转变，以增强思想政治教育的针对性。另外，还要优化灌输环境。

二、中国古代和西方思想政治教育中的有益思想为现代思想政治教育提供了重要的理论参考价值

思想政治教育作为人类社会的一项实践活动，早已客观存在。那些总认为思想政治教育只是社会主义国家才有、西方国家没有，或只是现在才有、古代没有等等的看法，都是对思想政治教育的误解。因为，一切国家的统治阶级为了维护自身的统治地位，总是坚持用统治阶级的意志去培育人，运用各种手段，宣传各种有利于加强其统治的观点、理念，以期使教育对象认同其政治思想。毫无疑问，思想政治教育不仅中国有，外国也有，古代各个历史阶段的不同国家或不同时期都有。尽管因历史文化传统、社会制度的不同，不同国家在思想政治教育的形式与内容上有很大差异，但是在思想政治教育的实践活动中所积累的一些有益思想或经验，作为人类社会的宝贵精神财富却为以后的思想政治教育提供了重要的参考和借鉴价值。

在中国古代社会，统治者及一些思想家都十分重视对人们进行思想政治教育，并提出了一些有益思想，这些有益思想对现代思想政治教育具有重要的理论借鉴和现实启示。要注重理想人格的塑造，以培养健康向上的人生理想；要注重育人，实现人的全面发展；要注重道德实践，讲究修养方式，以树立和弘扬良好的道德风尚。

第三节　思想政治教育中应注意的问题

一、必须坚持大思想政治教育观念，反对狭隘的思想政治教育观

思想政治教育是一项实践活动，它以人为作用对象，其目的在于帮助人们形成符合社会要求的思想政治品德。在现实生活中，不仅每一个人都是立体人，其思想和行动都受到多角度、多层次的社会关系制约，受到主客观多种因素的影响；而且每一种思想政治教育的现象也都受到多种因素的影响和制约。另外，思想政治教育作为社会工作的一个重要方面，它渗透在社会生活的方方面面。这就要求在现代思想政治教育的实践中，必须树立大思想政治教育观念，反对狭隘的思想政治教育观念。传统的、狭隘的思想政治教育观念认为，思想政治教育是专门从事思想政治教育工作的人的职责，与己无关；思想政治教育的对象是那些品行有瑕疵的人，与己无关；思想政治教育是短期应急行为，且有立竿见影之效，无须常抓不懈。这种狭隘的思想政治教育观念，不但不利于思想教育活动有效、有序地进行，反而妨碍了思想政治活动的开展，影响了思想政治教育的效果。

二、必须坚持思想政治教育服务和服从中心论，反对思想政治教育无用或万能论

物质决定意识，意识对物质具有能动的反作用，这是唯物观的基本原理。尽管现代思想政治教育越来越呈现社会化，但是思想政治教育的阶级性特征在阶级社会里却丝毫没有消失，这就决定必须坚持思想政治教育服务和服从于党的中心任务。那种把思想政治教育的作用拔高到神乎其神的地位，鼓吹思想政治教育万能论或贬低思想政治教育的地位和作用，鼓吹思想政治教育是虚的、无用的，都是没有正确地认识物质与意识之间的辩证关系，否认思想政治教育的阶级性，从而没有科学地定位思想政治教育的地位和作用。

坚持思想政治教育服务和服从党的中心任务，反对思想政治教育的万能或无用论，在实践中，必须要做到：①科学定位现代思想政治教育与改革开

放和社会主义市场经济的关系，要正确认识到多年的改革开放，使我国现代化建设有了坚实的物质基础，大大增强了经济建设的生机和活力，但同时各种消极、腐朽的思想文化也趁机渗透进来，这就要求必须加大思想政治工作力度，做到既能利用改革开放和社会主义市场经济所带来的积极成果教育人民，又能抵制各种消极、腐朽思想文化的侵蚀。②科学确立评价思想政治教育的有效标准。思想政治工作是经济工作和其他一切工作的生命线，担负着统一思想、凝心聚力、教育民众的重要职责。这就决定当前评估思想政治教育工作有效性的标准，只能是"三个有利于"。思想政治教育的目标是培养人才，但归根到底只有在社会主义建设中大显身手、促进了生产力发展、增强了综合国力、为社会发展做出了直接或间接贡献的人才才是真正的人才，否则只能是庸才。而要使现代思想政治教育真正做到"三个有利于"，就必须坚持以"三个代表"重要思想为指导。代表先进生产力的发展要求，使思想政治教育具有鲜明的时代性；代表先进文化的前进方向，使思想政治教育的规律能被清醒认识和把握；代表最广大人民群众的根本利益，使思想政治教育具有很强的影响性、针对性。

三、必须坚持现代思想政治教育的与时俱进论，反对空想或机械论

作为思想政治教育的理论基础的马克思主义，是开放的，是不断发展的，是与时俱进的；同样，思想政治教育所面临的环境及其教育对象的需求也是不断变化发展的。这些决定了现代思想政治教育必须与时俱进，反对滞后实际的机械说和超前实际的空想论。在当代，经济全球化、政治多极化、生活方式多样化、思想文化多元化已成为必然趋势，思想政治教育正面临前所未有的挑战。思想政治教育只有与时俱进，才能顺应时代潮流，应对时代挑战，抓住时代机遇，促进时代发展。

坚持思想政治教育的与时俱进论，首先，必须立足改革开放和现代化建设的实际，创新思想政治教育的思想、内容、机制和方式方法，增强思想政治教育的时代感，如，贴近群众、联系实际、深入生活，努力推进人的思想观念的现代化，引导人们形成与改革开放和社会主义市场经济相适应的竞争意识、效率意识、公开意识、民主法制意识和开拓创新精神；充分借助和运

用现代科技，推动思想政治教育方法手段的现代化，用科学技术的手段创新思想政治教育等。其次，必须加强对现实中思想教育对象一人的变化和需求的研究，增强思想政治工作的针对性，如针对人的自主性特点，增强思想政治教育的"个性"；针对人的独立性特点，增强思想政治教育的主动性；针对人的选择性特点，增强思想政治教育的服务性；针对人的趋利性特点，增强思想政治教育的务实性；针对人群聚合的层次性特点，增强思想政治教育的先进性和广泛性；针对人群流动性特点，增强思想政治教育的灵活性；等等。最后，还要正确处理好创新与继承、借鉴的关系。在创新的过程中，既要承接以往思想政治教育实践中所积累的有益经验和思想，又要广泛汲取人类文明发展进步的一切积极成果，如善于借鉴相关学科的理论、方法、成果，充分吸收西方发达国家有益的思想政治教育实践经验和最新知识。

第四节 大学生思想政治教育的目的和原则

一、大学生思想政治教育的目的

（一）大学生思想政治教育目的确立的意义

1. 思想政治教育目的对大学生思想政治教育起导向作用

目的是一种指向，是人类活动要到达的一种预期状态，是人的自觉能动性的体现。目的的确立，为人的活动指明了方向，明确了人在一定时期内各方面的努力指向的目标。大学生思想政治教育目的的确立，能为大学生思想政治教育提供明确的方向和要求。大学生思想政治教育的原则、内容、方法等要素，必须根据思想政治教育目的来确定，必须与思想政治教育目的规定的方向一致，一切为实现该目的服务。

2. 思想政治教育目的为大学生思想政治教育的开展提供依据

大学生思想政治教育是由教育主体、教育客体、教育原则、教育内容、教育方法等一系列要素组成的综合活动。教育主体的选拔、教育原则的确立、教育内容的选择、教育方法的采用都必须从教育目的出发开展工作。比如，教育主体的选拔，必须根据教育目的的要求通过各种途径和渠道选择有条件实现教育目的的人才从事大学生思想政治教育工作。这样的人才首先必须有社会主义和共产主义的政治方向，有从人民群众的利益出发思考和分析问题的政治立场。如果教育主体的思想政治观念与主流意识形态相悖，教育目的就不可能实现。再如，教育内容的确定。我们是社会主义国家，引导大学生坚定社会主义信心是思想政治教育的必然要求，是教育目的题中的应有之义。根据"坚定社会主义信心"这一教育目的，教育内容中就必须有社会主义教育的内容，让大学生对社会主义的历史、现状、未来走向有科学的认识，只有这样才能实现"坚定社会主义信心"的目的。所以，大学生思想政治教育目的的确立为教育过程中各个要素的具体规定提供了依据，为教育的顺利开展提供了依据。

3.思想政治教育目的对大学生思想政治教育的效果起检验作用

目的既是起点，也是归宿。思想政治教育目的的确立为大学生思想政治教育各要素的规定提供了依据，也为教育效果的评价提供了依据。能否达到思想政治教育目的提出的要求是评价有无教育效果的标准，是衡量教育效果大小的杠杆。思想政治教育本身是一个不断发展的实践过程，教育者和受教育者的认识也是不断发展、变化着的。其教育效果的产生，不是一日之工，不能一蹴而就。由于思想政治教育效果的滞后性，运用思想政治教育目的检验思想政治教育效果时应该坚持静态检验和动态检验，既要看到大学生思想政治教育在一段时间内取得的效果，也要看到这种效果的充分体现需要很长一段时间。

（二）大学生思想政治教育目的确立的依据

1.大学生个人发展的实际需要

当代大学生绝大多数出生于改革开放以后，成长在改革开放中。他们缺乏对改革开放前后历史的比较认识，对改革开放于中国社会所具有的深刻意义体会不足。他们中独生子女的比例越来越大，独生子女的各种特点在他们身上都有不同程度的体现。他们自幼生活在呵护的空间中，遭遇挫折的经历相对而言比较少，面对失败的勇气相对而言比较欠缺。但同时，他们的竞争意识、自强意识、创新意识、成才意识、创业意识很强，具有一定的辨别是非的能力，懂得一些做人的道理，正在确立是非善恶的标准。他们身上不同程度地存在着理想信念模糊、政治信仰迷茫、诚信意识淡薄、价值取向扭曲、社会责任感缺乏、艰苦奋斗精神淡化、团结协作观念较差、心理素质欠佳等问题。大学生属于具有较高知识水平的社会成员，他们希望有较高的道德修养，能很好地服务于社会主义现代化建设，能更好地实现社会价值，能得到多方面的发展。大学生思想政治教育目的的确立，必须考虑大学生的实际道德水平和这些精神需要。只有这样，才能贴近学生实际，调动大学生自觉接受教育的积极性和主动性；只有这样，才能有针对性地开展教育活动，取得教育效果；只有这样，才能满足大学生的精神需求，促使教育目的的实现。

2. 社会发展的现实需要

人的本质不是单个人所固有的抽象物，在其现实性上，它是一切社会关系的总和。个人无法离开社会而独立存在，个人以社会的现实条件为前提设定自己的发展思路和精神追求。根据社会发展的现实需要确定思想政治教育的目的是大学生成长成才的必然要求。思想政治教育是一项阶级性很强的实践活动，是居于统治地位的群体为了维护社会稳定采取的一种手段。在社会主义国家，人民是国家的主人，为了维护人民民主专政的国家政权，需要引导社会成员形成符合社会发展要求的思想观点、价值观念、政治意识。只有这样才能为社会培养出合格的建设者和接班人。根据社会发展的现实需要确定思想政治教育的目的，也是大学生思想政治教育的内在要求。

"富强、民主、文明、和谐"是中国社会主义现代化的奋斗目标，是中国社会发展的现实需要。富强，是就经济层面而言的，它是一个国家实现现代化的物质基础。社会主义的本质是解放和发展生产力，"贫穷不是社会主义"。为了建设一个富强的社会主义现代化国家，就要坚持以经济建设为中心，大力发展生产力。生产力的大发展需要一大批掌握现代科学技术，具有世界眼光的建设者。大学生思想政治教育目的的确立必须考虑经济建设的这一现实需要。民主，是一个现代化国家在政治上的主要标志，是社会主义制度优越性的重要表现。我们要在政治上创造比资本主义国家更多更切实际的民主。我们要保证全体人民真正享有通过各种有效形式管理国家，特别是管理基层地方政权和各项企业事业的权利。民主政治的建设首先需要一大批具有民主意识和管理能力的建设者。大学生思想政治教育目的的确立必须考虑政治建设的这一需要。文明，是思想文化领域的目标和要求，是一个现代化国家的主要条件。社会主义文化建设以马克思主义为指导，坚持为人民服务、为社会主义服务的方向，能为社会主义物质文明建设提供精神动力和智力支持。社会主义文化建设要在全民族牢固树立建设中国特色社会主义的共同理想，牢固树立坚持党的基本路线不动摇的坚定信念；实现以思想道德修养、科学教育水平、民主法制观念为主要内容的公民素质的显著提高；实现以积极健康、丰富多彩、服务人民为主要要求的文化生活质量的显著提高；实现以社会风气、公共秩序、生活环境为主要标志的城乡文明程度的显著提高。社会主义文化建设需要一大批具有坚定政治方向、科学价值观念、乐于奉献社会的建设者。大学生思想政治教育目的的确立必须考虑文化建设的这一需要。和谐，是社会领域的目标和要求，是中国特色社会主义的本质属性。社会主义和谐社会，是民主法治、公平正义、诚信友爱、充满活力、安定有序、人与自然和谐相处的社会，是经济建设、政治建设、文化建设、社会建设、生态文明建设协调发展的社会。和谐社会建设需要一大批有整体意识、能正确处理人与人、人与自然关系的建设者。大学生思想政治教育目的的确立必须考虑社会建设的这一需要。

3. 人的价值实现的最终追求

"以人为本"的科学理念强调人在社会中的重要地位，强调人是社会的主体和核心。社会发展的最终目的在人。社会是由为了实现各自利益的人们形成的组合体。在私有制条件下，人的对象性活动导致了人的异化，人的活动成了一种异己的存在物，成了压迫和奴役人的力量。共产主义是对私有财产即人的自我异化的积极的扬弃，因而是通过人并且为了人而对人的本质的真正占有。因此，它是人向自身，也就是向社会的即合乎人性的人的复归，这种复归是完全的复归，是自觉实现并在以往发展的全部财富的范围内实现的复归。人的价值的最终实现在于对"人的本质的真正占有"，即人的自由而全面的发展。人的自由发展，是人对自然界和人类社会发展规律的认识和对客观世界的改造。自由以人的自觉自律为前提。人只有在认识客观规律的基础上，自觉地按照客观规律办事，才能获得真正的自由。人的全面发展，是人的对象性关系的全面生成，包括人的劳动能力的全面发展，人的需要的全面发展和人的社会关系的全面发展。人的劳动能力的全面发展，能够在社会化大生产中胜任多种职能；人的需要的全面发展，不只是人的物质需要的发展和满足，更重要的是人的精神需要的丰富和发展；人的社会关系的全面发展，脱离了狭隘的地域限制后获得的全面丰富。人的自由而全面的发展是未来共产主义社会对人的本性的回归，是社会主义事业的目的所在。作为推进社会主义建设手段的思想政治教育，其目的最终要落脚到人的价值追求上。人的自由而全面的发展，以生产力的极大丰富为前提和基础，是人类一切活动的最高追求。所以，大学生思想政治教育目的的确立，一方面要考虑现实的个人发展和社会发展的需要；另一方面又要考虑人的价值实现的最终追求。只有这样，大学生思想政治教育的目的才能既符合大学生的思想实际和社会发展的趋势，又能为人类文明的可持续发展提供动力。

二、大学生思想政治教育的原则

（一）大学生思想政治教育的根本原则

大学生思想政治教育的根本原则是反映思想政治教育本质的原则。思想政治教育的本质是引导人们形成社会发展所需要的思想政治观点和行为的活动。坚持正确的政治方向、实事求是、尊重教育对象的主体地位，是思想政治教育本质的体现，也是大学生思想政治教育的根本原则。

1. 坚持正确的政治方向

思想政治教育的一个显著特征，就是它的阶级性。古今中外，不管存在于何种制度下，不管被赋予什么样的名称，客观存在的思想政治教育这项实践活动，都直接为居于统治地位的群体利益服务。思想政治教育的阶级性，决定了这一活动必须坚持正确的政治方向。我国实行的是中国共产党领导下的社会主义制度，马克思列宁主义、毛泽东思想、中国特色社会主义理论体系是我们的指导思想。马克思列宁主义的指导、中国共产党的领导、社会主义制度的建设，是中国历史发展的必然选择。

大学生思想政治教育坚持正确的政治方向，必须坚持以马克思列宁主义、毛泽东思想、中国特色社会主义理论体系为指导，坚持以马克思主义中国化的最新理论成果指导实践。马克思主义是马克思、恩格斯在批判地继承了人类优秀文化遗产的基础上，结合工人阶级革命运动的实践，提出的关于自然界、人类社会、思维领域规律的科学理论，是无产阶级的世界观和方法论。列宁主义是列宁在领导俄国无产阶级革命和社会主义建设基础上形成的理论体系，是马克思主义发展的新阶段。毛泽东思想是马克思列宁主义中国化的产物，是以毛泽东同志为核心的第一代中国领导集体在马克思列宁主义指导下领导中国人民进行新民主主义革命和社会主义建设中形成的思想理论体系，是被实践证明了符合中国国情的正确的理论原则。中国特色社会主义理论体系是马克思主义和中国改革开放的社会主义实践相结合的产物，是马克思主义中国化的新的理论成果。大学生思想政治教育必须坚持以马列主义、毛泽东思想、中国特色社会主义理论体系为指导，以科学的理论回答大学生提出的思想认识问题，更好地引导学生树立科学的世界观。

大学生思想政治教育坚持正确的政治方向，必须坚持党性原则，坚持中国共产党的领导。党性是一个政党区别于其他政党的本质特性。中国共产党是中国工人阶级的先锋队，同时是中国人民和中华民族的先锋队。中国共产党是代表中国人民利益的政党。大学生思想政治教育必须坚持党性原则，坚持中国共产党的领导，更好地实现为广大人民群众利益服务的使命。

大学生思想政治教育坚持正确的政治方向，必须坚持社会主义道路，坚持为社会主义建设服务。社会主义的本质，是解放生产力，发展生产力，消灭剥削，消除两极分化，最终达到共同富裕。社会主义要解放生产力，发展生产力，最终落脚点在于人民物质文化生活水平的提高。社会主义道路是中国社会历史的必然选择，社会主义建设是中华民族屹立于世界民族之林的必由之路。大学生思想政治教育坚持社会主义道路，既能更好地为中国的建设和发展提供更多优秀的人才，也能更好地服务于中华民族的发展。

2.实事求是

实事求是，是马克思主义的精髓，也是大学生思想政治教育必须遵循的根本原则。坚持实事求是，必须把握大学生思想政治教育的规律，必须从现实的社会存在出发，从大学生的实际出发开展教育。

大学生思想政治教育坚持实事求是原则，必须把握大学生思想政治教育的规律。"实事"就是客观存在着的一切事物；"是"就是客观事物的内部联系，即规律性；"求"就是我们去研究。我们要从国内外、省内外、县内外、区内外的实际情况出发，从其中引出其固有的而不是臆造的规律性，即找出周围事物变化的内部联系，作为我们行动的向导。大学生思想政治教育必须从国内外的实际情况出发，从大学生思想政治品德的现状出发，把握思想政治教育内容反映的客观事物的规律性，把握思想政治教育固有的内在的规律性，把握人的思想政治品德变化发展的规律性。认识规律，把握规律，按照规律办事，大学生思想政治教育的效果才能够得到充分的体现。

大学生思想政治教育坚持实事求是原则，就是要从现实的社会存在出发开展教育。要坚持实事求是，理论和实际相结合，一切从实际出发。思想政治教育不是抽象的政治理论的解说，而是现实的社会现象的分析，是教育对象理性认识社会能力培养的平台。大学生思想政治教育必须正视现实的社会存在，科学地分析各种社会现象，不回避、不模糊，一切从客观实际出发，把问题讲明，把道理讲透，把未来讲明，给大学生认识、分析各种社会现象以正确引导。

大学生思想政治教育坚持实事求是的原则，必须从大学生实际出发。从大学生实际出发开展思想政治教育，能增强教育的针对性和有效性。大学生作为一个群体，有很多共性的东西；大学生作为不同的个体，又有各不相同的特点。大学生思想政治教育必须根据大学生的思想政治状况，根据每个学生不同的情况，有区别、有针对性地开展教育。我们在鼓励帮助每个人勤奋努力的同时，仍然不能不承认各个人在成长过程中所表现出来的才能和品德的差异，并且按照这种差异给以区别对待，尽可能使每个人按不同的条件向社会主义和共产主义的总目标前进。从大学生实际出发，针对不同的教育对象，有区别地选择教育内容、教育方法，是大学生思想政治教育的内在要求。

（二）大学生思想政治教育的基本原则

1. 教书与育人相结合

教书育人是教师的天职。高校教育由于文理分科、专业分课，使得一些教师对自身的这一职责出现了认识上的偏差。一些专业教师认为育人只是辅导员、班主任和思想政治理论课教师的事，自己的教学工作就是把专业知识传授给学生；一些思想政治理论课教师认为自己上的是公共课，教学就是负责把思想政治理论知识传递给学生，至于效果怎样，则是辅导员、班主任的事。这些错误的认识，导致了高校思想政治教育的教育合力差，教育效果不明显。高校的每一位工作人员都负有对大学生进行思想政治品德培养的责任。教师在教学过程中必须将知识的传授和思想政治品德的教育引导结合起来。

2. 教育与自我教育相结合

教育是教育者根据社会提出的要求，采取一定的方式，有目的、有计划、有组织地培养大学生形成符合社会发展需要的思想政治品德的活动。自我教育是受教育者根据思想政治教育的目标和要求，在自我意识的基础上通过自我认识、自我体验、自我控制产生积极进取之心，主动接受先进思想和正确行为，形成良好的思想品德和行为的过程。在整个思想政治教育过程中，教育者的教育主要起引导作用，大学生的自我教育则最终促成大学生思想政治品德行为的形成。教育和自我教育的作用在大学生思想政治教育中同等重要。少了教育，大学生对社会发展需要的思想观念、政治观点、道德规范的树立就可能会处于漫长的探索过程中，缺少了明确的方向和指引；少了自我教育，大学生良好的思想政治品德行为的形成就成为一句空话，教育就失去了价值。所以，大学生思想政治教育必须坚持教育和自我教育相结合。

3. 政治理论教育与社会实践相结合

政治理论教育把马克思主义理论知识传递给大学生，把社会提出的思想品德要求传递给大学生，把社会主义建设的最新理论成果传递给大学生，目的在于使大学生形成正确的思想政治品德认知，激发大学生的思想政治品德情感。社会实践通过引导大学生深入社会、了解社会、服务社会，将大学生已获得的思想政治品德认知和形成的思想政治品德情感在实践中进一步深化，形成对马克思主义、社会主义的坚定信念，形成对各种社会现象的判断能力和评价能力。政治理论教育与社会实践相结合，是理论和实践相结合的必然要求。

4. 解决思想问题与解决实际问题相结合

思想政治教育主要解决的是人的思想认识问题，但人的思想认识问题大多与人的实际问题纠缠在一起，是人们在现实生活中遇到的各种问题的反映。教育者要善于发现大学生中存在的各种实际问题，比如，学习成绩不好的学生的实际情况、经济困难学生的实际情况、睡眠不好的学生的实际情况等，通过帮助他们解决实际问题，来解决思想问题。但这并不是说解决了实际问题，思想问题就自然而然地解决了。有些思想问题，比如，由于睡眠不好导致上课状态不好的问题，会随着解决睡眠不好的实际问题而自然解决。有些思想问题，比如，个人主义、拜金主义等，则必须在解决实际问题的基础上从理论上加以引导。

5. 教育与管理相结合

管理通过规章制度约束人们的行为，将人们的行为规范在社会运行允许的范围内。管理存在于高校教育的各个层面，班级管理、公寓管理、社团管理等都是管理的具体形式。大学生思想政治教育必须充分运用管理这一载体，将思想政治教育的内容渗透在管理中，通过管理的硬约束力，促成大学生良好道德行为的形成。教育是一种教育方式，管理也是一种教育方式。大学生思想政治教育必须将教育和管理相结合，使教育的软要求和管理的硬约束相得益彰。

6. 继承优良传统与改进创新相结合

人们自己创造自己的历史，但是他们并不是随心所欲地创造，并不是在他们自己选定的条件下创造，而是在直接碰到的、既定的、从过去承继下来的条件下创造。继承是改进创新的基础，改进创新是继承的必然要求。思想政治教育是中国共产党的政治优势，党在长期的思想政治教育实践中积累了丰富的经验。大学生思想政治教育必须继承党的思想政治教育的优良传统，在继承的基础上根据变化了的社会环境，根据大学生中出现的新情况、新问题，不断更新教育理念，不断丰富教育内容，不断改进教育方法，不断改进创新。思想政治教育原则是对以往思想政治教育实践经验的总结，是思想政治教育本质的反映，是思想政治教育规律的体现。大学生思想政治教育者以原则为依据开展教育，可以减少教育的盲目性、缩短教育的摸索时间，能有效提高教育的科学性和有效性。

第二章 高校思想政治教育的理论基础

第一节 高校思想政治教育概述

一、高校大学生思想政治教育的基本内涵和特征

（一）思想政治教育的基本内涵和特征

在氏族社会向阶级社会转变的过程中，逐渐产生了政治，这是统治阶级维护自身利益的需要。政治与教育同时出现，统治阶级为了维护自己的利益，就把符合自己利益的观念强加在民众头脑中，使他们的行为和思想符合自己的阶级利益。思想政治教育者为帮助一定的社会阶层实现他们的政治目的，有计划、有规律地影响人们的思想。

思想政治教育具有以下特点。

第一，思想政治教育有阶级性，是所有的阶级社会都存在的社会活动。

第二，思想政治教育的目标、任务和方法随着时代而变化，思想政治教育体现了时代性。

第三，思想政治教育不是单纯地理论，而是要回到实际生活中去，才能实现它的意义。

第四，思想政治教育有必然性，是人类社会为了自己的利益，在不同的阶段都会存在的社会活动。

思想政治教育从根本上是人的精神和思想活动的教育，它的目的是研究如何教育人、如何自我教育的问题。

（二）大学生思想政治教育的基本内涵和特征

大学生思想政治教育是根据一定的社会要求，有计划、有针对性地对大

学生思想进行政治教育，把大学生培养成对社会有用的、建设国家的合格的中坚力量，大学生思想政治教育有以下几个特点。

第一，时代性。大学生思想政治教育要跟随时代的发展，有很强的时代性。时代性体现在思想政治教育的内容上，教育的内容包括党的方针、政策以及党为什么会制定这样的政策，这是一个有紧密联系的系统。我国的思想政治教育包括马克思列宁主义、毛泽东思想，有中国特色的社会主义理论体系、社会融入观等。对大学生的理想信念教育、爱国主义教育、人生观、道德观有重要的意义。思想政治教育也只有融入时代，才有活力，才能被大学生接受。要理论联系实际，思想政治教育工作者要运用理论解决实际遇到的问题，发现社会实践中的困难，使思想政治教育令人信服。

第二，民族性。民族是人类社会的一种存在形式。中华民族在漫长的历史中，形成了多民族的文化，浓郁的民族情感。中华民族的精神很深厚，是中华民族发展创造的动力，是大学生思想政治教育的组成部分。

第三，人文性。社会主义的本质是实现人的全面发展。以人为本，这样的思想对我们的工作有积极的意义，说明党对人类社会的发展规律更加明确，大学生思想政治教育要以学生为本，教育和爱护学生。

为维护学生的健康成长，积极地进行校园文化建设。所有的工作要围绕学生的成长和成才，从新时代大学生的思想实际出发，树立民主、平等、协商的观念，深入地研究青年学生中的困难和问题，把思想教育工作做得细致灵活。

第四，综合性。综合运用马克思主义理论，对大学生进行思想政治教育。马克思主义理论涵盖面很广，包括政治、经济、文化和社会、思想等很多层面，是对社会与人发展的研究，涉及哲学、教育、历史和伦理学很多内容，体现出思想政治教育的综合性。

二、高校大学生思想政治教育的任务

（一）保证学校的社会主义办学方向和培养目标的实现

教育事业是人民的事业，是社会主义建设的组成部分。我党制定了社会主义的教育方针，思想政治教育的重要工作就是实施党的教育方针，保证学校教育目的的实现。在学校的各项教育工作中，进行共产主义思想体系的教育，使大学生形成良好的思想政治品德。统一思想，解决生活中遇到的各种思想问题，使他们积极主动地投入到生活中，促进他们各方面的全面发展，成为有理想、有道德、有文化、有纪律的社会主义建设人才。

（二）共产主义理想教育—提高大学生的思想政治觉悟

我国高等学校教育的社会主义本质，就是要培养具有社会主义思想觉悟，愿意为社会主义事业服务的人才。马克思主义基本理论教育是系统的共产主义教育体系，提高社会主义的思想觉悟，就是要有社会主义主人翁思想和集体主义思想，要有组织，有纪律，要有为人民服务的献身精神，用马列主义、毛泽东思想和有中国特色的社会主义理论教育大学生，运用马克思主义的观点处理问题。大学生思想政治教育是一个塑造灵魂的工程。

对大学生进行共产主义思想体系教育，主要是社会主义事业的需要和大学生健康发展的需要。我们的党用共产主义的思想培育了一代又一代的人。用科学的进步的思想教育人，使他们在共产主义实践中认清历史发展的规律，有历史的使命感，避免受到非无产阶级不良思想的腐蚀，具备识别的能力。在无产阶级和非无产阶级的思想的斗争中，学会比较，在斗争中不断地进步。用共产主义的无私奉献精神对待学习和工作，使自己成为社会主义建设的有用的人才。

（三）思想教育—促进大学生健康成长

大学生容易接受新事物，但是分辨能力很差，思想不成熟，看待事物往往只看到一面，不能全方位地看待问题。他们不安于现状，渴望改变，但是在实践中一旦遇到困难，很容易心灰意冷。在大学生中普遍存在的一些思想和认识上的问题，要从理论和实践性结合的角度进行解答。大学生在学习和生活中出现了问题，要针对个别的学生进行教育。一是解决不同时期学生的思想倾向问题。二是解决通过一人一事反映出来的思想问题，对个别学生的问题有针对性地解决。三是做好后进学生和失足学生的挽救和教育工作，逐步使学生向好的方向转化。四是协调学生之间，学生和老师之间的关系，如果有矛盾，可以解决掉，保持学校团结向上的局面。及时地有针对性地进行思想教育，使他们有分辨良莠是非的能力，有解决问题的能力，有提高选择正确的行为方式的能力，有可以战胜困难、对生活充满积极性和创造的能力，使他们成为各方面都优秀的社会主义建设人才。

三、高校大学生思想政治教育的作用

（一）激励作用

大学生思想政治教育的目的是使学生能够不断地完善自己。通过对学生进行思想政治教育，培养学生为了自己的理想努力和信念，在物质和精神上不断地追求，更加主动和积极，不断地取得更好的成绩。通过对大学生进行思想政治教育，塑造良好的人格，从道德、智慧、意志的角度，使大学生检测自己的行为，使之具备健康、正确的人格。在大学生面前，塑造榜样和楷模，通过榜样产生的影响力，来引导学生积极地健康地行为方向。在各种不同的外界环境下，使大学生的各种判断力不断地调整，产生正确地思想和行为。大学生思想政治教育通过改变大学生的思想，塑造大学生正确的行为。

（二）完善作用

大学生思想政治教育的目的在于完善学生的人格，提高行为水平。在外在环境中，人格需要力和判断力进行斗争，最终产生了行为。这种行为会变成经验或者是教训，培养人的判断力，使人对自己的行为进行反思和提高，纠正人格需要力，使人格和行为更加成熟。人格的成熟不仅需要自我的完善，还需要正确的思想政治教育进行引导。一方面要不断地反省总结自己的行为和思想；另一方面要增强人格的判断力，选择正确地行为，提高自己的综合素质。

（三）行为预测作用

大学生思想政治教育可以预测学生的行为。思想政治教育的目的在于形成学生的良好的道德，预测学生的行为会向好的方向发展还是向坏的方向发展。人的行为总是受到外在环境的影响。人的行为由外界环境刺激、人格动力结构、行为这三项要素构成。通过了解一个人所接受的环境和他的人格动力结构，预测人格行为。人的行为基本是受外界刺激所产生的反映，有些是积极的，有些是消极的。对大学生进行思想政治教育要了解学生所处的环境

和学生的人格动力结构，分析可能发生的不好的一面，使其向积极一面发展。

第二节 高校思想政治教育的必要性

高校大学生思想政治教育是在一定的社会环境中形成的。经济全球化的趋势下，我国同世界的交往更加紧密，社会信息化给经济带来了新的增长点，也使通讯发生了变化。市场经济体制会产生很多的矛盾，重视这些变化，它们给大学生思想政治教育带来很多机遇。

一、社会形势变化的主要表现

（一）文化多样化

文化是在社会和历史发展中，人们后天创造的、共同享有的精神生活方式。文化是多种多样的。21 世纪后，文化交往的范围越来越大，全球化的文化往来是发展的趋势。在经济和文化的全球化的时代，不同的民族文化相互尊重，相互学习，形成一种文化多元化的现象。文化多样性是世界人民的心愿。文化多样性要作为一种鲜活的宝藏保存下去，并不是一成不变地继承。文化是一切变化的源泉，对维护生物多样性关键性很强。

文化多样性是对最广大人民文化需求的变相反映，体现了人民精神的多样性，代表了文化的繁荣。随着对外交往的增多，我们国内也形成了文化多样性的局面。多样化的发展依赖于科技的发展和生产力的发展。随着社会经济成分的变化，我国的文化出现了"多样文化共存"的局面。

第一，主文化、亚文化、负面文化共存。

主文化是社会价值的主流所在。亚文化是特定群体的独特文化。亚文化是社会转型时期价值观的分化。亚文化如果发展得好，是对主文化的补充，但是不能替代主文化。负面文化背离主文化，并试图取主流文化而代之。

第二，传统文化、西方文化和新时代马克思主义文化的共同发展。

当代中国的文化，是发扬中华民族的传统，以广大人民群众的根本利益作为出发点，体现先进生产力的文化。在文化发展的过程中，传统文化中封建的、消极的文化同样会有所异动，冲击着主流文化。因此，针对文化的真实性和时代性，我们需要积极的甄别和判断。

总的来说，文化多样性是经济全球化、社会信息化、体制市场化带来的必然结果。

在现代社会的环境下，文化多样性使得社会主义文化内容获得丰富，精神文化多样性的需求获得满足，人们的思想观念和价值观受到了强大的冲击，正确的思想观念和价值观的形成受到一定的限制，给大学生思想政治教育带来了严峻的挑战。

（二）经济全球化

"经济全球化"在上世纪 80 年代由西方学者提出，经济全球化给整个新时代的发展带来了巨大的机遇和挑战。党的十七大将立足实际，科学的分析世界的发展趋势，清醒的参与到社会发展的机遇和挑战中，这些十分有利于社会主义现代化建设。可见，经济全球化已成为当今世界经济发展的重要特征，它将中国与世界紧密地联系在一起。

经济全球化是以市场经济为基础，以科技和先进的生产力为手段，追逐经济利益，多种要素相互融合的过程。经济全球化中经济活动超越国界，通过对外贸易、技术转移、提供服务、资本流动使各国的经济联系在一起。

简言之，经济全球化是不以人的意志为转移的，是社会发展的产物。

经济全球化是实现平等、互惠、共同繁荣的问题。要充分地认识经济全球化的历史机遇，发展经济。

经济全球化给大学生的思想行为带来了很多影响，要正确地引导学生，避免不好的思想。

（三）体制市场化

建立社会主义市场经济体制可以更好地发展生产力，改变经济体制。在市场的引导下，调节市场供求关系的变化，使资源可以重新配置。通过价格杠杆和竞争，不断推进经济的进步。

我国经济的市场化进程给社会带来的主要变化包括以下几点。

第一，促进了社会结构的多样化。市场化的结果是经济成分和经济利益的多样化。经济成分和经济利益的多样使社会出现了不同的阶层。社会阶层的不同呈现出生活方式和思想的很多的不同。

第二，经济管理体制和方式有了重大的改革。市场经济体制下，企业自主经营，由市场来决定价格，市场价格为基本价格形式，政府的行政干预减弱。

第三，中国经济市场化取得了很大成绩。市场对经济的发展和资源配置起了关键的作用。企业的市场化程度越来越高，非国有经济成为主要力量。

一方面，由于市场经济的缺陷，出现了很多的不良现象；另一方面，发展了生产力，竞争、效率、开放、平等这样的现代思想出现在企业。

（四）社会信息化

现代科学技术获得了很大发展，现代社会的信息化和互联网的发展是最主要的特征。中国正处于自主发展的阶段，不管是在经济建设领域还是社会发展环境都处于信息化的环境中。大学生是社会信息化的参与者，信息化改变了大学生的思维方式和行为方式。

二、社会形势变化给大学生思想政治教育带来的挑战

（一）文化多样化的挑战

21 世纪，开放性、复杂性、文化多样性是大学生思想政治教育的特点。

第一，对价值观念的挑战。

改革开放的过程中，人们的思想观念呈现多样化的趋势。在市场经济的发展过程中，产生了不同的利益群体，也产生了不同的价值观念，使学生难于进行价值取向。在群众媒体上，各种不同的价值观念混杂在一起，大学生缺乏足够的判断能力，很容易偏离正面的、积极地价值观。文化多样性教育的困难在于如何提升文化价值鉴别的能力。

第二，对我国主流文化主导地位的挑战。

在全球化的背景下，高势位文化是整个文化的主导力量。高势位文化说明了文化交流的不平等性。我国的文化交流在国际长是比较劣势的，因此要提高中华文化信息，为社会主义建设树立坚固的文化防线，防主流文化边缘化。

（二）经济全球化的挑战

经济全球化从主客观方面都说明了其在大学生思想政治教育工作中形成的挑战十分严峻。

第一，美国在西方发达国家中占据主导地位。在经济全球化的过程中，西方国家不断地推行自己的意识形态和国际经济法则，利用经济全球化自我扩张，西方国家的手段多样，很容易被欺骗。

第二，目前，面临西方国家的两大挑战，一是先进的科技和现代化教育水平；二是西方文化的渗透。在经济全球化的背景下，我们对西方思潮的辨别能力要加强。

（三）体制市场化的挑战

改革开放至今，市场经济给大学生的思想政治教育带来了挑战。

第一，在社会主义市场经济体制下，国内政治和经济受到冲击。现在社会各种思想互相交织，既有正确和积极的，也有错误的消极的。此时，我国的意识形态领域也是多格局形式，既有马克思主义的，也有非马克思主义的，还有很多是不正确的思想。

我们思想政治教育的核心是树立正确的价值观。

第二，市场经济发展过程中，会产生不利的一面，市场经济是趋利的，会使大学生产生投机心理和功利主义。小部分大学生会出现恶性竞争的现象。对于出现的这些问题，要给予重视并进行正确指导。

第三，传统的思想政治教育模式有浓厚的行政色彩和等级观念。市场经济，对思想政治教育运行模式提出了新的要求。我们要整合社会的教育力量，形成与市场经济相适应的运行机制。

（四）社会信息化的挑战

西方国家在信息技术和传播上处于主导地位，他们力图使用网络向落后国家灌输西方的思想。所以，我们不能任凭西方国家的价值观念在互联网上传播，这会给本民族的文化和思想观念带来十分负面的影响。

第一，对思想政治教育者的话语权和主导权的影响。

信息化的过程使人们获取信息的手段更加先进。学生在网络上接触了不同的思想，学生摄取信息的行为非常个体化，互联网上各种信息不断地更新，大学生的思维活跃程度和独立思考问题的能力比老师还强，就会影响到思想政治教育者的话语权。

第二，网络行为失范现象突出。

任何事物都有好的一面和坏的一面。互联网自身的隐匿性和相关制度引导不当，造成很多大学生出现网络心理问题。如果对网络的管理不严格，就会导致大学生自我意识的膨胀，最终形成犯罪。最近，有很多大学生通过网络进行违法活动，还有的得了网络依赖综合症，所以要加大对网络的监管力度。

第三节 新时代大学生的思想政治基本状况

一、新时代大学生基本生理特点

（一）身体迅速发育

人的身高和体重，在生长发育过程有两次高峰，第一次是从出生到一岁，体重增加一倍。身高增加比例为身体的50%。第二次为青春期，身高每年增加 8cm 左右，体重增加 4 k g 左右。

（二）发达的大脑和神经系统

青年时期，智能高度发展，大脑的神经显著增加，神经系统的形态和技能基本完善。青年时期逻辑思维能力很强，能够灵活运用概念，进行推理和判断。

大学生可以利用复杂的脑力劳动，独立进行思考和学习。他们的观察力、想象力、记忆力都很强，对社会现象有自己的思考和见解。求知欲强，喜欢接受新事物。

（三）性机能日渐成熟

大学生处于性的成熟期。性激素作用于整个身体的发育，使骨骼和肌肉越发坚实有力，体格更加丰满匀称，针对大学生成熟的特性，要格外关注这一时期。

二、新时代大学生基本心理特点

青年期是少年向成人过渡的时期。具备一系列的心理特征。

（一）具有丰富强烈的情感

情感是对人或事物的感觉。情感是对客观事物刺激的反映。

1.理智感、道德感和美感显著发展

理智感是智力活动中所产生的体验。求知欲和好奇心都是理智感，在学习中好奇心越强，理智感越强。道德感是根据社会道德评价别人和自己言行的情感体验，爱国主义和责任感、反感、疏远、尊敬、轻视都属于道德感。

美感是人的审美体验，美感的发展与文化修养有关。大学生欣赏美，喜欢音乐、艺术、美景。对内在美和外在美都很热爱。

2.友谊感在大学生的情感中十分突出

青年时期是人生的一个分界点。起初个人对家庭的依赖很大，友谊感并不强烈。但是伴随着思想的成熟，青年人越来越需要友谊；注重理想、爱好、性格的吸引，会互相交流和帮助。

3.大学生的情感具有外露性

青年人会很直接地表达自己的感情，有为理性和真理奋斗的激情，热衷热闹的激动场面。有时候会情绪很激动，难以控制，容易出现错误。当自己的心愿实现的时候，他们会情绪十分激动。年轻人把生活想象得过于美好简单，一旦遇到挫折就会十分沮丧。

（二）认识能力得到迅速发展

1.观察力的发展

观察是持续的、目的明确的直觉活动；观察力是透过现象发现本质的能力。大学生的观察力发展得很快，观察力中的精确性和深刻性得到很大地提高。

2.记忆力的发展

记忆力是大脑对所发生事情的存储能力。大学生是记忆力发展最快的时期。他们有很多种记忆的手段，机械记忆、意义记忆，他们的记忆能力很强，课本的知识、社会的知识，大量的信息储存在他们的大脑中。

3.想象力的发展

想象力是在原本知识的基础上创造新形象的能力。观察力和记忆力是想象力的基础。大学生有丰富的想象力，对未来充满希望。

4. 思维能力的发展

抽象思维是思维活动最重要的部分，在思维的敏锐、深刻、批判和独立性上都有很大发展，从形式逻辑思维向辩证逻辑思维发展。

（三）自我意识得到发展

自我意识为自身对周边人和事关系的认识。

1. 自尊心、自信心和好胜心明显增强

随着知识的增加，大学生的力量不断地增强，希望受到别人的尊重，希望别人可以重视自己。自信心变大，对自己的知识和能力逐渐充满信心，喜欢肯定自己。这一时期，大学生们喜欢展现自己的才华，对于大学生的自尊心和自信心，我们应该积极地引导，使他们有一个积极健康的心态，积极进取，重视荣誉。如果没有正确的引导，会使他们有很强的虚荣心，变得孤立自傲。在思想政治教育的过程中，重要地是保证学生的自尊心和积极性。

2. 独立意向迅速发展

大学生的智力和体力越来越强，个性变得更加独立。他们在小学和中学阶段在思想上和精神上对家庭有很大依赖，但是到了大学阶段，他们会产生批判的心理，越来越表现出独立。对此要有正确的指导。

3. 自我评价和自我教育能力成熟

大学生有很强的自我意识。他们不仅重视别人的评价,也重视自己的评价。在对大学生进行思想政治教育的过程中，要重视学生的自我教育。

三、大学生思想政治教育的主客体研究

（一）大学生思想政治教育的主体建设

1. 大学生思想政治教育主体的内涵和特点

（1）大学生思想政治教育主体的内涵

大学生思想政治教育主体，是指在大学生思想政治教育过程中具有传播指导功能的教育机构或个人。按照这个定义，教育者是大学生思想政治教育的主体。在接受教育过程中受教育者，也具有主动教育功能，所以它担负着主题和客体两种因素。在这里，大学上思想政治教育主体，仅指在大学生思想政治教育过程中起主导作用的教育者。从外延上，大学主思想政治教育主

体具有两个维度，一是作为个体的大学生思想政治教育者；二是作为群体的大学生思想政治教育者，主要指的是高度正规化的组织机构和团体。

（2）大学生思想政治教育主体的特点

主体除了具有一般的主体特征之外，还具有主体自己的特殊性和作用性，发挥大学生思想政治教育主体作用的必要条件是不断增强其本身的特性。因为，大学生思想政治教育者如果不具备主体性，即使身为教育主体，也不能正常地履行其应该具有的大学生思想政治教育的职能，无法成为合格的大学生思想政治教育主体；同样，教育主体能动性的强弱，也决定着大学生思想政治教育的功能与效率及大学生思想政治教育主体作用发挥的程度。

教育主体在实践活动中具体表现出来的主要特征有主体性、客体性、阶级性、前瞻性等几个特点。

第一，主体性是指主体在进行大学生思想政治教育过程中表现出来属性，主要体现在以下三个方面：首先，教育者是思想教育活动的设计者；其次，教育者是思想教育活动的组织者；最后，教育者是思想教育活动过程的主导者。

第二，客体性是主体在特定情况下才会具有。①大学生思想政治教育主体的工作出发点受教育环境和教育对象的制约；②大学生思想政治教育主体以及教育活动被教育对象所审视。

第三，人类的社会发展离不开阶级，社会本身就是具有阶级的，它是与国家相伴而生的，存在于社会发展的每一个阶段，在某个时期一切的政策都是由统治阶级制定的。

第四，前瞻性是指大学生思想政治教育既要把握现在的社会教育制度，又要充分地发挥想象去构建未来，引导受教育者养成与社会未来发展需要相适应的思想道德素质。

2.大学生思想政治教育主体的基本功能

（1）教育功能

所谓教育功能，是指大学生思想政治教育主体按照以往教育经验，根据受教育者的个人道德修养和心理承受能力，运用一切可以利用的方法，进行人格塑造和思想转化。这是教育者最基本的功能。教育功能主要体现在以下几方面：第一，理论传授功能；第二，活动组织功能；第三，激励职能；第四，思想矛盾转变职能。此外，还有心理分析和心理咨询功能，等等。

（2）管理功能

大学生思想政治教育主体的组织功能是指大学生思想政治教育主体运用目标、计划、组织和制度等各种管理手段对受教育者进行教育和人格塑造。这种管理包括以下几项：一是目标管理，大学生思想政治教育的目标管理，主要是依据形势的需要和受教育者的思想品德状况，制定大学生思想政治教育的整体目标和分层目标，组成目标体系，并调动各种力量，按计划，逐步实现。二是组织管理，大学生思想政治教育主体依据教育目标，通过各种组织形式，如，党团组织、工会、学生组织等进行大学生思想政治教育管理。三是制度管理，大学生思想政治教育主体通过各种规章制度保障大学生思想政治教育有序、高效地运行。

（3）协调功能

所谓协调功能，就是教育者运用多种手段，综合各种教育力量和因素的关系，统一认识和行动，以便形成教育合力，取得最佳教育效果。多种教育力量和因素合力作用的结果会形成优良的思想品德和心理。大学生思想政治教育的教育主体只有把各种教育力量协调好，使各因素之间产生化学反应，形成强大的大学生思想政治教育合力。教育者的协调功能主要体现为以下层面：一是教育主体主动协调自身与教育客体之间的关系，让二者可以站在同一个平面交往。二是教育主体主动协调教育系统每个要素之间的关系，促使各个要素之间的同向共振。三是教育主体主动协调教育系统与外部环境之间的关系，形成大学生思想政治教育与环境之间的同向共振。

（4）研究功能

教育者对大学生思想政治教育的规律、本质和经验总结、探索和分析就是大学生思想政治教育主体的研究功能。大学生思想政治教育具有深刻的本质和规律性。搞好大学生思想政治教育的一个重要前提条件是做好大学生思想政治教育理论研究，也是提高大学生思想政治教育水平的必由之路。教育者的研究功能，主要表现在应用理论研究和基础理论研究两个方面上。

（5）传递功能

大学生思想政治教育主体作为统治阶级意识形态的代言人，本质上肩负着把"统治阶级的思想"转换成"占统治地位的思想"的功能，这就决定和要求大学生思想政治教育主体成为代表国家意志的主体，成为特定阶级在具体大学生思想政治教育过程中的替身和代言人。所以，大学生思想政治教育主体在活动的开展过程中，必须也必然会向教育对象传递两部分教育内容：一是特定的社会和阶级给定的思想理论体系；二是在具体的大学生思想政治教育活动中根据教育目的和规律的要求对思想理论体系的内容进行编制、转换后的教育信息体系。

教育功能、管理功能、协调功能、研究功能和传递功能是大学生思想政治教育主体——教育者的五项基本功能，也是每个大学生思想政治教育主体所必须具备的基本功。在大学生思想政治教育活动中，这五项功能是相互联系、紧密配合和互相补充的。

（二）大学生思想政治教育的客体分析

1. 大学生思想政治教育客体的含义

客体是与主体相对应的哲学范畴，是主体在从事认识活动和实践活动时所指向的一切对象物。这就是说，客体是在主体活动的对象性指向中获得自身的基本规定的，即主体活动所指向的，并反过来制约主体活动的外界对象。客体是相对于主体而存在的，大学生思想政治教育客体就是大学生思想政治教育主体认识和施加可控性影响的对象。也就是说，大学生思想政治教育客体是大学生思想政治教育的接受者和受动者，它与思想政治教育主体相对应，是大学生思想政治教育主体的作用对象。作为大学生思想政治教育对象的客体，除具有一般人的特点外，还具有一些专门特点，其中最突出的一点是他们在思想、政治、道德等方面与社会的要求还存在着一定的差距，个体思想政治品德与一定社会的要求之间存在差距是一种长期存在的客观现象，而这正是大学生思想政治教育活动得以发生的根源，也是大学生思想政治教育的基本矛盾。社会不断地进步和发展，使得社会对于人的要求会不断地发生变化，与社会发展的要求相比，人们在思想、品德、行为等各方面总是表现出不够适应、不够成熟，所以我们每一个人都有接受大学生思想政治教育的必要，都是大学生思想政治教育的客体，尤其青少年是大学生思想政治教育的主要对象。

2. 学生思想政治教育客体的特点

（1）社会性

大学生思想政治教育的对象是社会的人，因此具有社会性的特点。大学生思想政治教育的对象，既不是单纯的生物学意义上的人，也不是抽象的人，而是生活在一定社会关系中的人，是有思想、有感情、有个性的社会人。因此，要认识客体，就必须深入了解客体的社会活动、社会关系、社会影响，从而真正了解自己的客体，把握受教育者思想政治品德的特点与表现，正确地制定教育目标，科学地实施教育活动。

（2）主体性

作为人的自觉能动性的表达，大学生思想政治教育客体的主体性呈现为积极主动参与到大学生思想政治教育运行之中，这种主体性体现在以下层面：一是大学生思想政治教育客体积极主动对社会主导的思想观念进行内化和外化，建构自身的思想道德结构和内容；二是大学生思想政治教育客体积极参与到与大学生思想政治教育主体的关系建设之中，二者形成良性互动；三是大学生思想政治教育客体在大学生思想政治教育运行中积极参与到大学生思想政治教育的目标、内容、方法的选择中，以增强大学生思想政治教育的针对性。大学生思想政治教育客体的主体性要求大学生思想政治教育要充分调动大学生思想政治教育客体参与其中并建构与大学生思想政治教育主体的良好关系。

（3）层次性

大学生思想政治教育客体是人，他们的情况错综复杂、千差万别，表现出非常明显的层次性。因划分的依据不同，客体的层次分为很多类型。①从年龄角度，客体可分为老年、中年、青年和少年四个层次。年龄不仅是一个人的生理、心理特点的标志，而且还是衡量一个人的知识、经验、能力、思想政治品德成熟与否的重要参数，这就要求对处于不同年龄层次上的对象，在教育活动中应该区别对待。②从地域角度，我国地域辽阔，不仅城乡差别大，东部、中部、西部差别大，而且发达地区与贫困地区差别更大。这种地域差距，形成客体不同层次的特点，这就要求在实施教育时，必须分清层次，区别对待。③从文化程度层次角度，可分为知识渊博、知识水平较高、知识水平一般、文盲和半文盲四种层次。④从思想道德素质角度，可分为思想道德素质好、思想道德素质一般、思想道德素质差三个层次等。教育对象的层次性特征，要求我们在大学生思想政治教育中，要分层施教，因人而异，即要针对不同教育对象的思想实际，制订不同的计划，提出不同层次的要求，并且运用不同的方法，有的放矢地解决不同类型、不同层次教育对象的各种思想矛盾和思想问题。

（4）动态性

大学生思想政治教育客体的动态性是指大学生思想政治教育客体的思想在环境和教育的作用下发生变化。这在于人的思想品德不是自发生成，而是在一定环境和教育影响下逐渐形成并不断发展的。因此，大学生思想政治教育应根据大学生思想政治教育客体的思想品德发展规律和具体情况制定大学生思想政治教育的目标、内容、方法等，使大学生思想政治教育处于动态发展之中。

（5）可塑性

可塑性是指大学生思想政治教育对象的思想品德是可以经由环境的影响和教育者的作用加以塑造，经过教育，可使教育对象的思想行为发生符合社会要求的变化，教育对象的可塑性是对人们进行大学生思想政治教育的内在依据。人的思想品德并不是自发形成的，而是在一定环境影响下，经过大学生思想政治教育的自觉作用，在主体社会实践的过程中逐渐形成并不断发展的。大学生思想政治教育是教育者自觉施行的有目的、有组织、有计划的教育影响，它在人的思想品德塑造的过程中起着非常突出的作用。因此，我们要始终坚持大学生思想政治教育，以便对人的思想品德的塑造施加更强的影响，促使人的思想品德水平不断提高。

3.大学生思想政治教育客体的功能

大学生思想政治教育客体在大学生思想政治教育运行过程中表现为参与、制约和反馈功能。大学生思想政治教育客体的参与功能表现为：一是协助大学生思想政治教育主体制定和实施大学生思想政治教育的目标和内容，二是在大学生思想政治教育主体的组织和引导下积极推动大学生思想政治教育运行。大学生思想政治教育客体的制约功能表现为其实际状况制约大学生思想政治教育的目标、内容、方法和运行的成果。大学生思想政治教育客体的反馈功能表现为大学生思想政治教育诸要素的调整和大学生思想政治教育效果检验都是通过大学生思想政治教育客体的认知和践行而体现。

4.科学地认识大学生思想政治教育客体的方法

科学准确认识大学生思想政治教育客体，根据大学生思想政治教育客体制定有针对性的目标、内容、方法等，需要掌握科学的分析和研究方法。

（1）历史分析法

历史分析法是运用发展、变化的观点分析客观事物和社会现象的方法。对于大学生思想政治教育客体而言，即把大学生思想政治教育客体放到特定的时代背景和历史条件下进行分析的方法。历史唯物主义认为，人们的社会存在决定人们的社会意识、人们的思想观点、道德意识是社会意识的组成部分，它是由社会存在决定的。其中，人们所处的社会关系，是决定人们思想观念的根本因素。随着人们所处的社会生活环境和历史条件的变化，随着人们所处的社会关系的变化，人们的思想道德观念也在发生变化。只有坚持辩证唯物主义和历史唯物主义的观点和方法，紧紧联系教育客体所处的社会环境和历史条件，对社会发展方向和社会基本矛盾有深刻的认识和了解，才能正确认识和把握教育客体的本质特征。

当下，随着全球化、现代化、科学技术浪潮和社会主义改革实践的推进，大学生思想政治教育客体的思想在多样化的社会环境中呈现出多元化特征，个体的思想观念、思维方式、价值信仰和精神状态都在多样化的社会环境中发生着深刻变化，只有深刻把握大学生思想政治教育客体实践的社会环境，才能准确把握和分析大学生思想政治教育客体的本质特征。

（2）辩证分析法

辩证分析法指从不同的角度和方面把握事物特征的方法。对于大学生思想政治教育客体来说，辩证分析法即从不同角度和层面把握大学生思想政治教育客体的本质特征。

一是运用动态分析方法。动态分析法就是把教育对象的思想行为当作一个变化发展的过程，通过对教育对象思想矛盾运动变化过程的分析，揭示其内在规律的方法。教育客体的思想行为不是固定不变的，而是在社会环境的影响下，按照自身的规律不断变化发展的。教育者对教育客体的认识，要符合人的思想行为变化发展的这个实际。只有这样，才能更好地去做人的工作，大学生思想政治教育也才有意义。

二是运用立体分析方法立体分析法就是对教育对象进行多层次、多侧面、全方位分析的方法运用立体分析法，首先要认识到教育对象是多层次的。其次，要认识到作为教育对象的个体，其本身也是多面体的。最后，要看到影响人们思想和行为的因素也是立体的和多层次的，只有从不同角度和层面对大学生思想政治教育客体的思想进行辩证分析，才能全面把握大学生思想政治教育客体的思想特点。

（3）定性与定量相结合的方法

定性分析是对事物的性质、特点、发展变化规律做出判断的一种方法，旨在确立事物的本质特征。定量分析是依据统计数据、数学模型等计算出事物的各项指标及其数值的方法。定性分析和定量分析是相互配合、相互补充、缺一不可的。定性分析是定量分析的基本前提，缺乏定性分析将导致盲目的定量，而定量分析使定性更加科学。在传统的大学生思想政治教育客体分析方法中，多采用建立在直觉、经验或信息资料基础上的定性分析方法，这将制约大学生思想政治教育客体分析的科学性和准确性。而在现代科学技术的支持下，定量分析法已经在社会科学研究领域中广泛运用，因此，大学生思想政治教育客体分析的定量与定性相结合成为大学生思想政治教育现代发展的重要一维，从而使大学生思想政治教育客体的本质特征把握更加科学准确。

（4）立体分析法

立体分析法就是对教育对象进行多层次、多侧面、全方位分析的方法。运用这种方法时，要注意以下三点。

首先，要认识到教育对象是多层次的。标准不同，角度不同，就可以将教育对象分为不同的类型或层次不同类别和层次的教育对象，其思想行为表现及特征都会有差异。大学生思想政治教育应根据不同类别不同层次教育对象的具体情况，采取不同的应对措施，以提高教育的针对性和有效性。

其次，要认识到个体是具有多面性的。教育对象中的个体在现实生活中，都是"立体人"和"复杂人"，他的思想行为受着多种层面的、各种角度的社会关系制约。而多种思想和社会因素均会在个体一思想观念的形成中打上印记。这样，就造成了个体思想意识的复杂性、思想观念的多样性、个体行为的多变性。

最后，要注意到影响人们思想和行为的因素也是立体的和多层次的。这些因素既有社会的政治制度、经济制度、法律制度等制度层面的因素，又有思想观念、文化教育、民族心理、风俗习惯等文化层面的因素，还有家庭、学校、社区、大众传播媒体等环境因素；另外，还有一些自然环境因素。这要求我们在考察教育对象的思想行为的变化发展时，对与其相关的各种因素做多变量的综合考察，只有从多角度、多侧面对人的思想和行为进行综合分析，才能较全面地把握教育对象的思想特点，进而调动各方面的力量，形成大学生思想政治教育的合力，发挥出协同效应。

应该指出，在对教育对象进行分析时，不能仅仅采用某一种方法，而要注意多种方法和手段的综合运用。同时，上述方法也只是分析教育对象的几种主要方法。我们应在大学生思想政治教育的实践中，不断丰富和发展分析教育对象的方法，从而建立起一套完整、科学的分析方法，提高分析和研究教育对象的水平。

5.大学生思想政治教育客体的分类

在我国，大学生思想政治教育活动有广泛性，它涉及社会的各个部门、各个单位、各个领域。凡是有群众的地方，都有思想政治工作。按照人们思想活动的不同组织形式，大学生思想政治教育对象可以分为群体教育对象和个体教育对象两大类型。

（1）群体教育对象

群体是把人们联系起来的社会结合体，是社会关系的一种表现形式。群体教育对象主要有两种形式。

①正式群体教育对象

正式群体教育对象是指具有共同目标、共同任务、共同纲领，有严密的组织结构、相对固定的组织成员以及确立起来了的组织权利和义务的群体。例如，党组织、青年团组织、事业行动部门的基层组织等。对正式群体教育对象来说，大学生思想政治教育主要是对其进行集体主义教育，培养教育对象的集体意识、集体责任感和荣誉感。因此，加强基层组织的思想建设，则成为正式群体教育对象受教育的重要内容。

②非正式群体教育对象

非正式群体教育对象是指一种自发的、以成员的感情为纽带联系起来的群体教育对象。由于非正式群体教育对象在职业、经历、文化、素质、思想水平以及环境条件等方面存在不同程度的差异，其结构是多种多样的。因此对非正式群体教育对象的思想教育，要从政治、思想、文化等各个方面同时进行，克服他们思想上的自发性和组织上的不稳定性，使他们在社会主义建设中发挥积极作用。

另外，随着社会转型和信息技术的发展，在大学生思想政治教育工作实践中还存在弱势群体教育对象和网络群体教育对象。

1）弱势群体教育对象

弱势群体，又称为社会脆弱群体、社会弱者群体。它主要是一个用来分析现代社会经济利益和社会权力分配不公平、社会结构不协调、不合理的概念。学术界一般把弱势群体分为生理性弱势群体和社会性弱势群体两类。生理性弱势群体主要是由于年龄、疾病等原因而沦为弱势群体，社会性弱势群体则主要是由社会原因造成的，如下岗、失业、受排斥等。从我国弱势群体的整体情况来看，主体是社会性弱势群体，主要是由于社会原因导致其陷于弱势地位的。

2）网络群体教育对象

网络群体教育对象主要指以电脑网络为沟通中介，以信息联系为纽带，因工作、兴趣、价值取向、信仰以及个人的特殊需要或者任何其他目的之故，主动与网络空间中特定的角色进行相对稳定、持续互动的多个数字化人的集合体。作为大学生思想政治教育者，应当认识到网络群体的一些特点，如，人员构成的复杂性、群体内部关系的松散性、建设性群体与破坏性群体的共存性等。

（2）个体教育对象

个体教育对象的成分是比较复杂的，依据不同的标准可以将教育对象划分为不同的类型。主要有以下四种标准。

①依据年龄结构

个体教育对象是由不同层次的人们所构成。就年龄差异看，具体包括幼儿、少年、青年、中年、老年。年龄是个体生理状况发展的标志，同时也是个体知识丰富、能力大小和思想成熟度的重要参数。不同年龄的大学生思想政治教育客体在生理和心理乃至内在素质方面都具有差异和层次性，这在客观上要求大学生思想政治教育应区别对待不同年龄层次的教育对象。对个体的教育对象，要根据其年龄阶段，身心特点进行教育。同时，教育者在对教育对象的要求、教育内容的安排上，也应该注意年龄阶段之间的相互衔接，帮助他们尽最大努力提高个人的思想认识，为履行社会重任创造条件。

②依据职业结构

大学生思想政治教育的对象是按社会分工从事各种不同职业的从业者。依据职业划分，个体教育对象包括工人、农民、军人、教师等。职业不同导致其社会实践的形式也不同。因此，教育个体教育对象要结合他们参与的社会实践活动，加强职业理想、职业道德、职业纪律的教育，使大学生思想政治教育渗透到经济工作与教育对象的业务工作领域，真正发挥教育的作用。

③依据文化层次

依据文化层次划分，大学生思想政治教育对象是由接受过不同等级教育，具有不同文化程度的个体所组成的，其中有具有小学文化程度、中学文化程度、大学文化程度、研究生文化程度等方面的个体教育对象。这些对象中，由于他们所受的教育程度不同，因而对他们进行大学生思想政治教育就必须根据他们现有的知识水平、文化素养、理解能力等方面的差异因材施教，如此，大学生思想政治教育才收到良好的效果。

④依据政治面貌

政治面貌类型多样，大学生思想政治教育对象按政治面貌分可以分为共产党员、各民主党派成员、无党派人士等。因而必须注重他们不同的政治信仰、政治爱好、政治观点，不能采取排挤、压制、打击的错误方式，而应该尊重他们、理解他们，通过卓有成效的大学生思想政治教育调动他们的积极性和创造性，为建设中国特色社会主义做出应有的贡献。

（三）大学生思想政治教育的主客体关系

大学生思想政治教育主客体在大学生思想政治教育系统中相互区别和联系，它们之间的对立统一推动着大学生思想政治教育的运行，二者之间的关系制约着大学生思想政治教育的有效性。

1. 大学生思想政治教育主客体的辩证关系

大学生思想政治教育主客体之间的辩证关系是指其对立统一的关系，二者相互协调，共同推动大学生思想政治教育运行。

（1）大学生思想政治教育主客体的对立

大学生思想政治教育主客体的对立主要表现在角色、活动方式上和素质的对立，由此形成大学生思想政治教育主体和客体在大学生思想政治教育运行中的差异和区别。

①大学生思想政治教育主客体的素质对立

大学生思想政治教育主客体在思想素质、能力素质等方面具有明显差异，这是由大学生思想政治教育运行过程的基本矛盾决定的，当大学生思想政治教育主体将社会或一定阶级要求的思想观念传递给大学生思想政治教育客体之时，大学生思想政治教育主体首先认同和接受主导的思想观念和道德规范，并形成自身的符合和代表特定社会和阶级的思想政治素质，以此引导教育客体形成符合特定社会或阶级要求的思想政治素质。因此可以说，大学生思想政治教育主体和客体在思想素质上具有天然的差异性，这是大学生思想政治教育得以发生和运行的基本前提之一，通过大学生思想政治教育运行等使大学生思想政治教育客体内化为社会主导的思想观念，从而大学生思想政治教育主客体在思想素质上达到基本一致。

②主客体的角色对立

思想政治主体是根据一定的社会要求对教育客体的思想品德施加可控性影响，是大学生思想政治教育活动的发动者、组织者，对整个大学生思想政治教育活动进行调控和驾驭，居于主导地位，扮演的是教育者的角色。大学生思想政治教育客体作为大学生思想政治教育主体施加可控性影响的对象，一方面，它是大学生思想政治教育运行的目标、内容、方法等的接受者和直接指向的对象；另一方面，它不是消极被动的受教育者，而是主动接受大学生思想政治教育主体施加的教育并积极参与到大学生思想政治教育运行之中，与大学生思想政治教育主体共同推动大学生思想政治教育运行。

③主客体的任务和活动方式对立

所要求的思想品德。这一任务决定大学生思想政治教育主体所从事的活动是具有全局性、控制性和协调性的活动。如，确立具体的教育目标、制订教育计划、选择教育内容和教育方法、开展教育活动以及收集和分析教育反馈信息进而调节教育措施等。大学生思想政治教育客体的，"任务"则受制于大学生思想政治教育主体的任务，从属于一定社会所规定的大学生思想政治教育目的，即在大学生思想政治教育主体的指导下，通过自身主观能动性的发挥，提高自身知、情、意、信、行的水平，进而完善自己的思想品德。

（2）大学生思想政治教育主客体的统一

大学生思想政治教育主客体的统一，首先表现为二者在大学生思想政治教育运行中的相互依存，共同构成大学生思想政治教育中的"人"的要素，双方都以对方的存在为前提，失去其中任何一方，另一方就失去了存在的依据，大学生思想政治教育都无法运行。大学生思想政治教育主体作为大学生思想政治教育的组织者和实施者，无法离开这一活动的直接对象，即大学生思想政治教育客体；大学生思想政治教育客体作为大学生思想政治教育的最终归宿点，无法离开大学生思想政治教育主体的引导和管理。

其次表现为大学生思想政治教育主客体的相互转化。在现实的大学生思想政治教育中，大学生思想政治教育主体和客体都在不断地变化，并且随着一定的时空条件或双方在活动中的地位和作用发生的变化而相互转化。如，在某一具体的大学生思想政治教育活动中，大学生思想政治教育客体首先是作为教育对象接受社会主导的思想观念，当这一大学生思想政治教育客体组织开展其他的具体大学生思想政治教育活动之时，又转变为大学生思想政治教育主体，不过这种转化是在不同的具体大学生思想政治教育活动之中。

2. 大学生思想政治教育主客体关系的建设

大学生思想政治教育主客体关系是推动大学生思想政治教育良性运行的基本前提，主要通过以下方式实现二者的关系建设。

（1）平等

大学生思想政治教育是平等、自由、民主的教育。没有教育者和教育对象之间的平等，就没有民主的大学生思想政治教育。大学生思想政治教育应是教育者和教育对象之间的对话，这种对话就是教育者和教育对象之间的一种真正的思想交流。简言之，对话的双方是真正平等的。平等，既是教育者和教育对象关系的本质特征，也是处理两者关系的基本准则。

民主平等原则之下的大学生思想政治教育者主客体之间的关系呈现为主体在大学生思想政治教育实践中的交往互动，通过相互交流实现"教学相长"的互动过程。民主平等的核心在于主体之间的地位平等和意愿一致基础之上的"共同行动"，当其渗透于大学生思想政治教育运行中，这一过程具体化为教育对象经由社会主导价值引导，与作为"他者"的大学生思想政治教育者进行角色体验或亲历性学习而建构精神世界，从而完成作为主体的大学生思想政治教育对象从"不知"到"知"、从"知"到"信"、再从"信"到"行"的过程。这一过程正是大学生思想政治教育者的价值引导与大学生思想政治教育对象主体建构的统合。

（2）理解

理解就是了解、沟通，它是透过现象分析本质的一种理性的过程。大学生思想政治教育者和教育对象之间的理解是一种相互了解、相互尊重、相互支持，在此基础上会形成一种良好的教育环境和教育氛围，从而达到理想的教育效果。

就教育者而言，运用"理解"去处理与教育对象的关系，要注意两点。一是要饱含感情。二是要重视教育对象的差异性。因此，大学生思想政治教育者应该注重教育对象思想的彰显，精神的建构，致力于彼此心灵上的理解和沟通，从而建立良好的教育关系，并使这一关系成为大学生思想政治教育的重要促进因素。

（3）主导主动

主导主动是指在大学生思想政治教育运行中大学生思想政治教育主客体双方具有主导性与主动性的辩证统一。

一方面，指大学生思想政治教育主体在大学生思想政治教育运行中具有主导作用，大学生思想政治教育主体引导大学生思想政治教育的主要方向、内容和重点。第一，大学生思想政治教育主体发挥以身示范、以身作则的积极导向作用。教育者要具备并践行倡导的社会道德规范，才能在大学生思想政治教育过程中体现出权威性和说服力。第二，大学生思想政治教育主体在大学生思想政治教育运行中自觉坚持方向性，使大学生思想政治教育的内容与社会主导的思想观念相一致。第三，大学生思想政治教育主体引导大学生思想政治教育客体积极参与到大学生思想政治教育中，使大学生思想政治教育成为主客体双方共同参与的过程。

另一方面，大学生思想政治教育的主导性还要以大学生思想政治教育主客体的主体性为依托。这主要是因为，大学生思想政治教育作为一种社会实践，它的核心是人。因此，大学生思想政治教育主客体双方的实践状态决定着大学生思想政治教育的效果，都需要人的主体性运行其中并不断发展。大学生思想政治教育的主导性旨在大学生思想政治教育的价值引领及其实现，这种主导性的实现需要思想政治者主体性的发挥，将主导建立在多样性基础之上，否则这种失去多样性的主导将演变为"你说我听"的命令模式，生成的是大学生思想政治教育客体的假性自觉。大学生思想政治教育的主体性旨在思想道德主体生成，但这种主动性需要主导性的导向和引领，否则将与大学生思想政治教育的目标、内容等相背离，演变为"怎么样都行"的价值澄清模式，导致大学生思想政治教育价值落空。

（4）互动

体关系的基础是二者的交往实践。它是主体之间以客体为中介进行的交往实践活动，由此生成了人与人之间的社会关系，即人的社会本质。交往实践活动包括物质交往和精神交往，而大学生思想政治教育正是交往实践活动的重要形式。一方面，交往实践使主体之间形成角色共同体，在理解、解释和参与中达成共识，这一过程正是大学生思想政治教育主体和客体之间相互交流，实现教育者"教"和教育对象的"学"的互动过程。另一方面，主体之间的这种交往不仅使作为意义的价值观念得以传播和理解，而且通过解释生成新的意义：从交往的角度来看，它们是用来保存和发展文化知识的；从社会化的角度看，它们则是用来培养和维护个人认同的。这一过程既可以实现"他教"与"自教"的统一，也可以使大学生思想政治教育客体在大学生思想政治教育主体的引导下积极进行社会主导价值观念的内化和知行转化。

（5）转化

大学生思想政治教育主客体的相互转化是指大学生思想政治教育主体客体化和大学生思想政治教育客体主体化。

从大学生思想政治教育主体来看，大学生思想政治教育主体作为大学生思想政治教育运行的组织者和实施者，首先需要对社会主导的思想观念进行理解和内化，即"真信"，以将大学生思想政治教育的内容传递给大学生思想政治教育客体，大学生思想政治教育主体在这一过程中成为学习者和受教育者的角色。在一般的大学生思想政治教育运行中，大学生思想政治教育内容是遵循从大学生思想政治教育主体传递到大学生思想政治教育客体的"正向"流动，但信息源多元化时代，大学生思想政治教育主体在经验、知识上的传统优势受到挑战，大学生思想政治教育客体可能优先于大学生思想政治教育主体获得大学生思想政治教育信息，这时大学生思想政治教育内容发生从大学生思想政治教育客体向大学生思想政治教育主体的"负向"流动，原先的大学生思想政治教育主体转变为大学生思想政治教育客体。

从大学生思想政治教育客体来看，大学生思想政治教育的效果最终是通过大学生思想政治教育客体实现，这一过程需要充分激发实现政治教育客体的主体性，使大学生思想政治教育客体在大学生思想政治教育主体的引导下，积极内化并践行大学生思想政治教育的内容，并实现由"他教"向"自教"的转化，大学生思想政治教育客体在这一过程中实现主体化。

第四节 以人为本理念

一、以人为本是思想政治教育的时代要求

（一）社会主义市场经济条件对思想政治教育的人本要求

市场经济是一种高效的经济运行方式，且是社会发展不可逾越的历史阶段，它推动了人类社会生活的革命性变化，并从更根本、更广阔的意义上促进了人的生成与发展。由计划经济向社会主义市场经济的体制转型是我国社会转型发展的根本标志，在这一过程当中，人的经济活动方式与经济交往关系发生了根本变化，并使得其他一切活动及其关系随之发生相应的深刻改变，社会整体结构在变化中发生一系列现代改铸，而身处一定社会结构与社会关系中的人，其生存方式、发展方式、内在品格更是发生了深刻的现代重塑。

我国社会主义市场经济体制的发展，由于历史的原因、观念层面滞后因素的重重阻滞而走过了曲折的发展历程。我国有漫长的封建时期，我国社会及人的发展模式主要以小农生产为主的自然经济为基础而建构，新中国成立后，高度集中的计划经济体制又为社会的发展、人的发展设置了种种禁锢，社会主义市场经济在新时期的发展和完善无疑会对中国社会的发展、人的发展带来了强大的冲击，广泛的现代性发展元素，为人的发展的根本性现代转型奠定了坚实的现实基础。

在人的生成与发展的历史视野中，市场经济体制是人们之间相互结合的

一种社会关系的特殊表现形式，与计划经济的经济形式所不同的是，市场经济在其特殊的运作过程中推动了个体独立利益主体地位的生成和巩固，因而市场经济以独立的个体为活动的主体和利益的本体，是个体独立自主活动的社会交往形式。推动个人走向独立，促使个体形成独立的人格，在此基础上进一步推进人的自主性发展，这是人学视野中市场经济发展最为根本的意义。所谓独立的个体，他应当是具有自立（能力）、自主（意志）、自律（素质）和自由（状态）性质的个人，即普遍具有独立人格的人。

（二）文化多元化对思想政治教育的人本需要

文化是人的本质、人的发展的体现。人是文明与文化的最终目的，文化则是人与文明的丰富内容与存在方式，人及其文明的丰富性、多样性和整体性，都是以文化的方式形成和存在的。我国的改革开放为多元文化的交汇融合提供了前提条件。发展过程当中开放程度与广度的拓宽，市场化改革的全方位深入，特别是中国加入WTO，都表明我国的发展逐步步入国际化、全球化的轨道，多元文化并存发展是不可回避的历史趋势。多元文化是一把"双刃剑"，它一方面动摇了西方霸权文化的中心地位、绝对的话语权地位，促进了世界文化的平等对话与交流，文化的多样性与差异性为社会的发展、人的发展提供了更丰富的资源，开创了更广阔的空间，对文化、社会和人本身有着积极的不可替代的作用。另一方面，多元文化必然对主导文化构成某种程度的威胁，多元文化的冲突与纷争实质上体现了代表不同文化内核的价值观念的矛盾与对立，它在一定程度上对于文化的发展、社会的发展、人的发展是一种离心力，起到削弱主导文化、民族文化凝聚力的负面作用。因此，在多元文化并存发展的时代更加需要以科学的方式和手段强化主导文化的指导地位，坚持文化多样化发展与文化一元化主导的辩证统一。

文化的发展凝结着人的发展，文化发展的过程实际上就是人的本质力量提升，人的自我发展、完善的过程。真正的文化代表着人的一种独特的生活方式，有着独特的地位与价值内核，它们通过器物形态、制度形态尤其观念形态一代一代地传承。随着全球化趋势的不断发展，社会生产力水平不断提高，科技和文化日益强盛，不同地域之间文化相互交流的机会日渐增多，异质文化间的碰撞、交流、冲突、融合已然成势，蔚为壮观。文化多元化已经成为并正越来越成为开展大学生思想政治教育必须面对的客观现实。多元文化的并存发展赋予了人更自主的文化取向权，让人的生存状态更自由、更完善，生活空间更广阔，但是这些正向效应的取得必须要以坚持主导文化的指导地位为前提和基础，以个体相当程度的理性判断和选择能力的发展为条件；多元文化的自由与开放反过来又为主导文化的发展注入了活力与动力，为人的判断与选择能力的提升提供了有利的契机。

（三）政治民主化发展对思想政治教育的人本诉求

政治是一定阶级、阶层的利益关系的集中体现，经济领域的独立人格必将向政治领域衍化。在市场体制下，每个人都是利益主体，都具有独立自主性，因而必然要求打破与计划经济发展模式相吻合的高度集权的政治运行模式，建立民主化、法制化，参与渠道通畅、有序的政治发展形式。

民主的精髓表现为权利的保障、权力的制约和秩序的和谐，这个方面的实现都必须以法治为前提。政治的民主化进程必然内涵着法治化的过程，民主与法治的有效结合是促使人类获得自由和尊严的必要的条件。在社会主义建设的发展实践当中，社会主义法制建设作为社会主义民主的前提条件和基本保障而得到重视和有效的推进。政治民主化是人类文明发展、进步的结晶，它与人的生存、发展有着紧密的联系，它对人的现代发展具有重要的价值和意义：首先，民主化的发展既从制度层面确认与保障了人的正当、合理的政治参与，同时又从意识层面极大地提升了人的自主参与意识，而广泛的、自主的参与是促使人的主体性提升、素质发展完善的有效途径。其次，民主化的发展既从制度层面确认与保障了人所享有的广泛的权利，同时又从意识层面极大地提升了人的权利意识，而人的权利乃人的发展之要义，人的发展过程在一定意义上就是追求、占有、实现权利的过程。

人本思想政治教育是与当代社会民主权的发展高度契合，既强调教育者的主导地位，也充分发挥学生的主体性；既强调理论认识的基础性，也注重实践养成的必要性的思想政治教育模式。

二、以人为本，实现大学生的基础发展和理想发展的结合

第一，实现科学性与价值性相统一。在理想信念教育中，不仅强调其科学性，以真理的力量去开启学生的接受之门，而且要突出其价值性，对于学生所关注的问题，大道理要讲通讲透，小道理要讲深讲细，使其切实认识到理想信念教育对大学生成才的价值所在。

第二，注重发挥情感教育的作用。在理想教育方面，不仅要传播理论观点、思想体系，进行理性教育，更要激发情感、提高热情，进行情感教育。帮助大学生树立远大崇高的理想信念，并珍惜、信奉、神往、追求之。同时，在面对复杂多变的现实世界，在面对现实和理想差距时，能坚定信念，执着追求。

三、坚持"以学生为本"，德法兼治

大学生思想政治教育"以学生为本"，就是在对大学生的教育、服务和管理中，紧紧围绕大学生成长成才这个中心，承认并尊重大学生的主体地位，把满足大学生的成长成才需要作为大学生思想政治教育的价值取向，把促进大学生的全面发展作为高校工作的出发点和归宿。落实到具体实践中，就是在各项思想政治教育活动中不断发展并维持、确证大学生主体地位的自觉性、自主性和能动性。

第一，思想政治教育有其自身的性质、目标、特定对象和独特方法，这些要素及其相互关系构成了思想政治教育的基本规律。思想政治教育要以党的中心任务为宗旨，立足于大学生的身心发展特点，体现大学生的主体地位，发挥大学生的主体作用；要依靠大学生思想政治教育工作者、大学生党员和大学生干部，认真抓好班级建设、社团建设、公寓建设和校园文化建设；要以校风、学风、作风建设为龙头，以大学生活动为载体，搭建大学生成长平台，促进大学生成才与实现其个人价值；等等。

第二，从管理方式上来讲，大学生思想政治教育要坚持德法兼治的管理模式。高校应该坚持以规章制度为基础，大力弘扬道德的约束力，为大学生的和谐发展打下良好的基础。我党和国家的教育方针要求高校培养德、智、体全面发展的社会主义建设者和接班人。根据这个培养目标，在大学生思想政治教育中应该坚持德育为首，依靠思想政治教育工作者的高尚品德感化人；

同时，还要能用德治创造学校优秀的校园文化环境，形成优良的校风陶冶人。

第五节 改革创新理念

一、坚持改革创新理念的现实要求

（一）坚持改革创新理念是社会主义事业健康发展的战略工程

一个国家、一个民族、一个个人的生活都是在一定的价值观的指导下进行的，价值观在人们的思想中、在人们的观念中，它影响着人们的思想意识、道德评价、价值取向和实践行动。随着社会经济结构的深刻变化，社会利益关系更为复杂，新情况、新问题层出不穷，新的社会矛盾的产生和出现对我国社会发展产生非常重要的影响。同时，在经济全球化的形势下，多种文化、思潮、多种价值观念激烈碰撞的时代，如何武装大学生的头脑，教育、引导他们树立正确的世界观、人生观和价值观，增强社会责任感和为中华民族伟大复兴而勤奋学习的使命感，把大学生培养成为党和人民需要的合格人才，这是高校大学生思想政治教育必须创新的时代重大课题。

（二）坚持改革创新理念是大学生健康成长的前提

培养人才既是高校的首要任务，也是教育的立身之本。随着全球化时代的快速发展以及知识经济、网络化时代的来临，社会对高校培养的人才素质的要求日益高涨，强调学生要有良好的知识结构与创新能力更是成为全社会的呼声。然而，高校培养的人才要适应社会的要求，就必须高度重视对大学生思想政治教育，因为任何人才的良好知识结构的形成和创新能力的培养与发展都必须有一定的思想道德和价值承担。人才的创新必须是对促进社会发展、社会进步具有积极意义的新事物、新理论。也就是说，任何创新活动都绝不能偏离政治和道德的准则，否则，所谓的创新就只能给社会和人类带来混乱和灾难。

二、改革创新理念要坚持的原则

（一）方向性原则

方向性原则是指大学生思想政治教育工作的全部活动要始终与社会发展

的要求相一致，坚持正确的政治方向不动摇。

要在大学生思想政治教育改革创新过程中坚持社会主义方向，首先就必须始终坚持以马列主义、毛泽东思想和中国特色社会主义理论体系作为思想政治教育的指导思想。马克思主义理论正确地反映了自然、社会和人类社会发展的客观规律，集中地代表了无产阶级和人民群众的根本利益。其次，提高贯彻思想政治教育方向性原则的自觉性。要使大学生思想政治教育工作者认识到，坚持思想政治教育的共产主义方向，是有效开展大学生思想政治教育活动的根本保证，因而在实际工作中要自觉运用这一原则，将其精神贯穿在具体的思想政治教育的活动中。同时，也要帮助大学生认识到，坚持正确的政治方向，有利于个人的全面发展，有利于政治与业务的统一，有利于红与专的统一，德与才的统一，因而坚持向共产主义方向前进。最后，贯彻方向性原则须讲究科学性。要很好地贯彻方向性原则，就必须将坚定的原则性与方法的灵活性结合起来，努力使大学生思想政治教育工作自然地渗透到社会生活的方方面面，从而潜移默化地影响人。要努力探寻方向性原则与思想政治教育具体目标之间的契合点，并以方向原则统摄各种具体目标，使共产主义方向成为大学生思想政治教育的灵魂。

（二）求实原则

求实原则，是指大学生思想政治教育工作创新要始终坚持理论联系实际，一切从实际出发，实事求是的思想路线和原则。

所谓理论联系实际，包含两层含义：一是要掌握大学生思想政治教育工作的相关理论。大学生思想政治教育理论是从事大学生思想政治教育工作的重要指导，能为相关工作提供有效的方法。因此，我们必须全面地、系统地、准确地掌握大学生思想政治教育理论。二是要从实际出发，实事求是。理论只有面向实践、指导实践、接受实践检验并随实践发展，才富有强大的生命力和战斗力。要做到理论和实际相结合，必须坚持实事求是。大学生思想政治教育工作一定要坚持和发扬理论和实际相结合的原则和作风，反对理论和实际相脱离的"左"的和右的错误倾向。

求实原则的贯彻实施要注意以下三点。

第一，自觉学习马克思主义理论。马列主义、毛泽东思想、中国特色社会主义理论是党认识世界、改造世界的强大思想武器，加强马克思主义理论的学习，有助于人们树立科学的世界观、人生观和价值观，抵制错误的思想和潮流。因此，要自觉加强马克思主义理论的学习。

第二，一切从实际出发。一切从实际出发就是要坚持主观与客观、主体与客体的统一，按照实际的真实情况，制定不同的工作目标和计划，选择恰当的方法。随着我国改革开放和市场经济的发展，大学生思想的差异性和自主性逐渐增强，要求教育者要从现实出发，根据每个大学生的自身特点和所处的社会环境，以及引发问题的各种因素去做具体分析，找出原因和内在机制，制定出符合实际的教育方案和可操作的措施，帮助和指导大学生提高认识，锻炼能力。

第三，按照正确解决问题的步骤来办事。为了在大学生思想政治教育工作中坚持求实原则，就必须按照及时发现问题、确实弄清问题、正确解决问题的三个步骤来办事。要做到及时发现问题，就要做到善于调查研究，准确观察和分析问题，正视矛盾，不回避矛盾。发现思想问题和实际问题贵在及时，这样就能掌握思想教育的主动权。要做到确实弄清问题，是指发现工作中存在的实际问题后，要善于分析、研究和核实，抓住问题的核心，不为假象所蒙蔽。要做到正确解决问题，是指在弄清实际问题后，及时联系相关人员，运用相关理论，实事求是地解决问题。要综合处理问题，大学生思想政治教育工作者要认识到思想问题往往是由实际问题产生的，而实际问题背后往往隐藏不同程度的实际问题。

（三）继承优良传统与改进创新相结合原则

坚持继承优良传统与改进创新相结合，是党的思想政治工作的优良传统，也是大学生思想政治教育工作机制创新的一个重要原则。在大学生思想政治教育过程中坚持继承优良传统与改进创新相结合的原则需做到以下两点。

1. 正确认识继承与创新的关系

继承是创新的前提，创新是最好的继承。继承与创新是相互联系、相互影响、相互作用的。大学生思想政治教育必须坚持继承与创新的统一的观点，在继承以往传统经验的基础上，大学生思想政治教育观念、思路、内容、形式、方法、手段、载体，以及机制等方面都要锐意创新和改进，开阔大学生思想政治教育的新视野、新思路，达到新高度。加强和改进大学生思想政治教育，必须与时俱进，充分体现时代性。

2. 对原有的工作观念、思路、方法、程序、作风和内容要"扬弃"

我国大学生思想政治教育在长期的发展历程中，也累积了许多行之有效的经验和方法。这是大学生思想政治工作的宝贵财富。但是，当今的教育环境在许多方面已不同于以前，这就要求我们必须解放思想、与时俱进，积极大胆地进行创新，对原有的工作观念、思路、方法、程序、作风和内容要认真进行一番甄别和比较，进行适当的"扬弃"。在当前，关键的问题是要坚持历史与现实的统一，紧密联系新情况、新特点，在新的更高的层次上去继承、运用并发展大学生思想政治工作的优良传统，使大学生思想政治工作在继承传统的基础上，在观念、内容、机制、途径与方法等方面有新的改进和创新，使大学生思想政治工作贴近学生、贴近生活、贴近实际，不断增强思想政治工作的针对性、实效性，发挥出大学生思想政治工作的威力。

三、改革创新理念要培养的三种意识

（一）培养马克思主义主导意识

高校是现代科学文化知识传播的基地，也是培育现代化建设人才和社会主义事业接班人的摇篮。青年大学生正处在储备知识、积蓄能量的黄金阶段，也是理想、信念、世界观、人生观和价值观形成的关键阶段。巩固马克思主义在高校意识形态领域里的主导地位，是高校思想政治工作的一项中心任务。随着改革开放的深入和社会主义市场经济的发展，社会思想、价值观念日益多样化，人们思想活动的独立性、选择性、多变性、差异性明显增强，各种思想文化相互交融激荡的趋势进一步加强，意识形态领域的矛盾和斗争显得更加错综复杂，致使马克思主义在意识形态领域的主导地位受到了前所未有的挑战。在我国高校巩固马克思主义在意识形态领域里的主导地位，进一步强化当代大学生头脑中马克思主义的主导意识具有特殊的重要性和紧迫性。

培养马克思主义主导意识要求我们：一是要处理好意识形态领域中"主流"

与"支流""一元"与"多元"、继承与创新、统一思想与"百家争鸣"、吸收借鉴与防止"渗透、西化"的关系，牢牢掌握意识形态工作话语权、主动权和主导权；二是要旗帜鲜明、持之以恒地建设社会主义核心价值体系，培育社会主义意识形态领域的科学内核；三是要进一步推进马克思主义中国化进程，切实增强马克思主义在意识形态领域的吸引力和凝聚力；四是加强党的建设，提高引领社会思潮的本领和能力，包括鉴别力、吸纳力、创造力和抵制力。对非马克思主义社会思潮，可以并存；对反马克思主义思潮，则要坚决抵制和斗争。

（二）树立全球意识或国际意识

全球意识或国际意识是相对民族意识而言的，是指国民对跨国事务或国际事务的认识、了解和情感，是人们世界观的一种体现，表现为一个国家的公民或者社会团体在看待本国与他国的交往、本国与他国之间关系的发展及整个国际形势发展状况时所表现出来的敏锐度、关注度及其了解的深度。全球意识或国际意识不仅是一种思想认识，而且是一种情感和价值取向。能否用开放的心态，平等，公正、宽容地对待和尊重世界各国、各地区、各民族的文化传统，能否积极、平和、理性地参与国际活动，是否具有国际竞争的高品质思维能力，这些要素是构成全球意识或国际意识的重要内容。

培养国际意识或全球意识是当前思想政治教育创新的新主题。培养国际意识或全球意识有助于调整思想政治教育理念，与时俱进地完善培养目标，及时变革教学内容，进一步深化思想政治教育教学改革。

培养国际意识或全球意识对于加快中国走向世界、世界走向中国的步伐，继续坚持对外开放的基本国策具有重要意义。具有国际意识或全球意识的高素质人才支撑是继续坚持对外开放的重要保证。

培养国际意识或全球意识，一是要培养执着关注全球问题的精神；二是要培养观察分析问题时的国际视野，既要立足中国看世界，也要站在世界看中国；三是要培养解决问题时的宏观思维，既要学习借鉴外国经验，又不能崇洋媚外；四是要培养遵守国际通行的基本规则的习惯。

（三）强化现代意识

思想是行动的先导，思想的闪电一旦贯穿人们的头脑，就会激发出强大的驱动力和创造力。我们生活在现代社会，生活在充满希望和挑战的 21 世纪，世界新的科技革命风起云涌，经济全球化进程大大加速，现代化浪潮席卷全球，低碳经济、知识经济正在深刻地影响我们的生产方式和生活方式，全世界正在进行经济发展方式的深刻变革，我们的思想意识必须紧跟时代，具有鲜明的时代气息。现代意识是现代人必须具备的思想意识。何为现代意识，学界目前尚无一致看法。我们认为现代意识必须包括两方面的内涵：第一，体现时代性。现代意识是动态的，是变化发展、与时俱进的思想意识，是反映时代发展、社会进步和培养高素质创新人才的需要。第二，具有进步性。现代意识是与传统意识相对应的，必须有利于促进社会生产力的发展，当前就是符合科学发展观、适应市场经济发展要求、反映知识经济和低碳经济发展潮流的思想观念和意识，如，效能意识、资源意识、环保意识、科技意识、创新意识、金融意识等。强化现代意识，必须以科学发展观为统领。大学生思想政治教育要坚持科学发展观的指导，必须坚持以人为本的思想，转变教育思想和教育观念，重视学生的主体性地位，把实现学生全面发展、满足学生成长成才的需要定位为思想政治教育的目标。

第六节 全面发展理念

一、思想政治教育与人的全面发展的关系

（一）思想政治教育保障了人的全面发展

人人都有精神需要和精神追求，但不同的人有不同的精神需要和追求。高尚的思想或精神可以把人引向健康、进步的方向，没落的思想或精神可以把人引到错误的人生之路。所以，问题不在于人要不要追求全面发展，而是人如何沿着正确的道路来实现全面发展。高校思想政治教育的一个重要价值就是为每个人的全面发展提供正确的发展方向和思想保障，以促进每一个人的自由而全面发展。

思想政治教育对促进人的全面发展具有保障作用是通过以下几个方面来实现的：一是思想一致性。思想一致性是联系思想实际和工作实际，在思想动机、思想方法上取得统一的程度。二是政治共识性。政治共识就是要结合社会发展和人们发展的目标取向和根本利益，通过教育、讨论，在政治方向、政治原则上的认同，达成共识，消除政治上的分歧与偏向。三是行动统一性。就是在政治共识、思想统一的基础上，明确行为规范。在新的历史条件下，不同性质文化在相互激荡与冲突，新旧体制和观念在碰撞，人们利益关系在调整，社会各阶层之间、各团体之间、各种类型的人群之间，以及人们相互之间，经济关系、利益关系相对复杂和突出。合理调解、调整、调节好经济关系、利益关系，是协调人们之间的互相关系，平衡人们思想认识的主要内容，因而，高校思想政治教育要发挥协调功能，保证社会发展。随着社会主义民主的发展和人们自主性、选择性的增强，加上教育普及程度提高，大众传媒的发展，人们的自主意识，在工作、生活上的个体性、独立性也在增强，但现代社会发展又向人们提出社会化的更高要求。为了有效解决自主性与社会化的矛盾，避免个人中心主义倾向，高校思想政治教育需要在各类人群之间、在人们相互之间进行情感、思想的疏通，进行工作和行为的配合，使之相互沟通和理解，加强联系与合作，这就需要发展高校思想政治教育的沟通功能。

（二）思想政治教育激励了人的全面发展

任何社会群体在他们的自身发展和他们所从事的事业进步过程当中，都需要精神动力。精神动力对国家、民族、个人的重要性，对国家的强盛、民族的团结、社会的和谐、个人的成长不可或缺。

思想政治教育从内容上说，使人们普遍接受马克思主义理论，为人们提供科学的理论指南，帮助人们树立正确的世界观、人生观和价值观；从形式上讲，就是通过思想引导来做人们的思想转化工作，掌握正确的立场、观点和方法，不断提高认识世界的能力；从一般目的上说，高校思想政治教育就是通过思想引导、行为引导和价值引导，使人们普遍选择当前主流社会所提倡和要求的价值取向；从最终目标上讲，就是为促进现实中每一个人的全面发展，提供各种各样的精神动力。

二、推动大学生全面发展的路径选择

（一）注重素质教育，实现大学生综合素质的全面发展

素质教育是以促进人的德智体美等全面发展为根本目标，培养和造就具有独立性、自主性、实践性、能动性和创造性等优良品格的个体的一种育人模式。素质教育能够为人的全面发展提供主体基础、物质基础和强大的精神动力。大学生思想政治教育要秉承素质教育的理念，深入细致地开展素质教育，着重加强大学生做人的教育、做学问的教育和做事的教育，真正地增强大学生的学习能力和实践动手能力。当前条件下，科学技术高度综合，学科交叉日渐明朗，从客观上要求大学生综合素质和创新能力的增强。据此，国际 21 世纪教育委员会提出了未来教育的四个支柱，即学会认知、学会做事、学会共同生活和学会生存。大学生思想政治教育要以深入进行素质教育为契机，以提升大学生的思想道德素质为核心，全面推动大学生综合素质与创新能力的逐步提升。青年大学生是未来社会的主人，必须按照社会发展对未来人才的要求来指导自己，前瞻性地提升自我的综合创新能力，培养未来社会所需要的多方面的素质。

（二）注重通识教育，实现大学生精神世界的科学建构

在新的历史条件下，随着人们物质生活水平的提高，人们的精神生活需要日益凸显。从国际背景来看，各种文化相互激荡，文化多样化、价值冲突、伦理道德标准的不一致、生活方式的多样化等充斥着大学生的头脑，网络信息大量涌入。从国内形势来看，我国社会经济成分、组织形式、就业方式、利益关系和分配方式日益多样化，人们思想活动的独立性、选择性、多变性和差异性日益增强。归结到一点，就是部分大学生的精神世界出了问题，精神空虚、信仰危机、道德滑坡等，都在向人们昭示着一个道理：精神世界和生命价值意义世界的建构对于一个人的成长具有更为重要的意义；关注人的精神世界与促进人的全面发展具有内在相关性。

人的精神世界是人独特的生存方式，关注人的内在精神是世界历史发展的趋势，是现实社会的呼唤，只有不断地丰富和强大人的精神世界才能实现人的全面发展。通识教育思潮与通识教育实践产生和发展的一个极其重要的

原因就在于对学生个体内在精神世界和生命价值意义世界的关注。通识教育强调基本知识、基本价值和基本技能的掌握，强调通过打好人生持续发展的根基，借助于唤醒人的精神世界的追求来形成自觉学习、终身学习、自我管理、自主创新的自我发展意识与自我发展精神。高校要通过对大学生的通识教育，帮助、引导大学生构建健康的精神世界。

（三）注重科学精神和人文精神的统一，营造良好的育人氛围

人文精神和科学精神如车之两轮、鸟之双翼，须臾不可分。科学精神的本质是求真求实，人文精神的精髓是求善求美。从价值论上看，人文精神和理论又为科学技术的进步提供思想、理论的指导和航向；从本体论上讲，科学精神和技术为人文各学科的发展奠定了物质基础和现实依据。大学生思想政治教育，包括人文精神教育和科学精神教育，这两方面要相互融合、协调统一：其一，人文精神是首要因素，我们要深入研究当代大学生所处的社会环境，特别是文化环境，探究其内心深处的精神世界，来帮助其应对心理问题。同时，要用目的理性和价值理性来导引工具理性和科学理性。大学生思想政治教育应当与学生的学习生活融合。学习是学生的首要任务，是学生的主要生命活动，贯穿了学生的道德成长过程。同时，审美教育和情感教育也是必要的。其二，科学精神教育也是非常重要的，大学生不仅要学会学习，还要学会生活。总之，大学生思想政治教育要通过在大学生中加强人文精神和科学精神的培育，积极营造大学生求真、向善、达美的良好氛围。

第三章 大学生思想政治教育机制的创新

第一节 思想政治教育机制概述

一、思想政治教育机制的内涵

思想政治教育机制就是思想政治教育过程中的内在工作方式和诸要素的相互联系方式。只有通过一定的方式，才能将思想政治教育的目标逐步转化为受教育者的内在需要和动机，并使受教育者把这种动机转化为行为才算是获得了良好的教育效果，因此，教育机制也就是达到教育目的的中介和桥梁。长期以来，高校思想政治教育比较关注目标、内容和方法自身的建构，而对思想政治教育的内部运行机制研究不够，影响了思想政治教育的效果。

二、思想政治教育机制在思想政治教育活动中的地位和作用

思想政治教育机制是统合教育目标、内容、方法和途径的桥梁，是实现教育效果的重要保证。首先，确立教育的目标、内容、方法和途径的过程是一个思想政治教育的内在工作方式问题，它需要全体教育工作者和机构按照思想政治教育的规律，在科学把握受教育者思想实际的基础上，按照社会对人才的要求进行研究和规划的过程。这一过程不仅是思想政治工作队伍的内容，还涉及教育活动的全局。内在工作方式直接影响思想政治教育目标的科学性和教育效果的有效性。其次，思想政治教育的目标、内容、方法和途径的统合只有通过思想政治教育机制来实现。根据教育目标选择教育内容，根据内容选择方法和途径不是随心所欲的过程，只有通过一定的思想政治教育机制才能保证教育的科学性和有效性。

思想政治教育机制是解决思想政治教育基本矛盾的保障。教育者所掌握

的一定社会的思想品德要求与受教育者思想品德水平之间的矛盾是思想政治教育的基本矛盾，它贯穿思想政治教育活动始终。把握社会的思想品德要求，尤其是把握受教育者的思想实际是思想政治教育活动的难题，而要解决这一问题只能依靠一定的思想教育机制才能保证。因此，针对思想政治教育基本矛盾的两个方面，全面创新思想政治教育机制，才能收到实效，达到素质教育的目的。

传统的思想政治教育活动只注重社会对大学生思想品德的要求，忽视受教育者的思想实际，教育活动在机制上主要强调教育者的作用，强调社会的需要，不重视受教育者的个体性，严重影响思想政治教育的效果。思想政治教育机制是体现思想政治教育基本规律的客观要求。教育活动一定要适合受教育者的思想品德状况，这是思想政治教育活动的基本规律，也是思想政治教育机制创新的基本依据。不适合受教育者思想状况的一切教育活动在本质上都是没意义的。

研究和把握思想政治教育的基本规律首先要解决的是思想认识问题。这一基本规律揭示了思想政治教育活动中受教育者的主体地位，为制定教育目标、选择教育内容和方法提供了理论依据。但在实际教育活动中仅有思想和理念还不够，还必须具有－定的机制才能保证思想政治教育活动是符合规律的，反思我国大学生思想政治教育活动的历程，我们深刻地认识到我们最为缺乏的就是这种机制。

三、思想政治教育过程中教育机制的表现方式

思想政治教育机制是渗透在思想政治教育过程之中的，是与教育思想、内容和方法等紧密联系在一起的。教育者根据一定社会的思想品德要求和受教育者的思想品德形成与发展规律，对受教育者施加有目的、有计划、有组织的教育影响，促使受教育者产生内在的思想矛盾运动，以形成一定社会所期望的思想品德的过程，这总是要通过一定的教育机制实现的。这可以从两个方面得到说明：一是思想政治教育过程的要素。二是思想政治教育过程的基本环节。

教育者、受教育者、教育介体、教育环体是思想政治教育过程的 4 个基

本要素。它们相互联系、相互作用构成复杂的思想政治活动过程。这里，4个要素"相互联系""和互作用"的方式就是思想政治教育的机制问题，也只有通过一定的思想政治教育内在工作方式，才能将教育过程的各要素有机统合在一起。在4要素复杂的相互关系中，教育者与受教育者的关系问题是矛盾的核心和关键，师生的双边活动通过教育介体的作用和教育环体的影响，使受教育者的思想和行为发生一定变化。思想政治教育的机制所关注的是教育者、受教育者、教育介体、教育环体各自的地位和之间的关系。教育者是主导，受教育者是主体，主体的思想实际和社会需要是制定教育目标、选择教育内容、方法和途径的基本依据。思想政治教育活动中的机制具体表现在以下三方面：第一，教育者要根据一定的社会需要，结合学生的思想实际制定和调整教育目标。在这一个动态过程中，把握社会的发展变化和学生的思想动态是教育教学活动的前提和条件，是高校管理者、教师和服务人员共同关注的问题，只有通过一定的制度和相应的机制才能保证目标的制定和实施；第二，目标的动态性决定了思想政治教育的内容、方法的动态性。改革教育内容和方法不是随心所欲的过程，是按照思想政治教育规律，有组织、有计划地深入研究的结果，这一过程的程序和工作方式必须要有制度和相应的机制做保证；第三，思想政治教育活动是多种途径共同作用的结果，有课堂理论教学、第二课堂活动、社会调查和实践活动等。根据一定的教育目标和内容选择思想教育途径是全体教育工作者共同参与的过程，目的性和计划性是这一过程的主要特点，只有形成一定的规范和机制才能保证思想政治教育的效果。

第二节 大学生思想政治教育机制创新的意义

一、大学生思想政治教育机制创新是深化高等教育改革的题中之义

新形势下，大学生思想政治教育的环境和对象发生了很大变化。面对这种变化，高等教育改革向着纵深发展。毛泽东同志曾经形象地把工作比喻成过河，把方法比喻为桥或者船。没有桥或者船就过不了河，没有方法就做不

好工作。高等教育的改革是一项系统工程，包含多方面的任务，因而需要有与之相适应的正确的方法，其中，创新思想政治教育机制尤其重要。通过机制创新解决思想政治教育中的实际问题，为培养德智体全面发展的人才提供契机，是高等教育改革的重要任务。

二、大学生思想政治教育机制创新是思想政治教育发展的内在要求

大学生思想政治教育机制创新是由大学生思想政治教育自身的发展决定的。新的历史时期，大学生思想政治教育无论是在内容、形式、方法还是在技术手段上，都不能不发生变化。作为贯穿大学生思想政治教育全过程、关系大学生思想政治教育的全局和整体运转方式的大学生思想政治教育机制也必须创新。现实的问题是，大学生思想政治教育机制如沟通机制、激励机制、保障机制及评价机制等不同程度地存在一些问题，解决这些问题是大学生思想政治教育发展内任要求。

三、大学生思想政治教育机制创新是促进大学生全面发展的重要举措

培养全面发展的社会主义事业建设者和接班人，是我国教育方针关于社会主义教育目的的根本规定，也是高等学校的一项根本任务。思想政治教育为大学生的全面发展提供了一个广阔平台，而思想政治教育的机制创新无疑是促进大学生全面发展的－项重要举措。

第三节 大学生思想政治教育机制创新的条件

一、大学生思想政治教育机制创新的观念模式明显转变

（一）在教育宗旨上确立了以生为本的观念

随着科学发展观的确立，教育以生为本的理念业已形成。"本"就是根本原则、根本标准及根本出发点和落脚点。大学生思想政治教育坚持以生为本，其理论根源是科学发展观以人为本思想，以生为本集中反映了思想政治教育的本质要求。以生为本最终要体现为以学生的全面发展为根本，充分尊重和努力调动学生的积极性和主动性。当今社会，越来越依赖于人的潜能和主体性的发挥，每个人要想在社会中立足，就需要不断提高对环境的适应能

力，这就需要教育者牢固树立以生为本的教育理念，学会呼唤人的主体精神。在大学生思想政治教育的不同过程中，都是围绕"学生"这一主体展开，即一切从学生实际出发，以新的思路、观念、方法开展全新的大学生思想政治教育。思想政治教育要贴近大学生，围绕他们学习、生活等方面的问题，有针对性地开展教育活动，增强整个思想政治教育工作的亲和力。

坚持和贯彻以生为本的教育理念，必须切实解决学生最关心、最现实的问题，努力激发他们自我教育的潜质，在遵循学生主体性的基础上开展教育活动。学生是学校工作的主要对象，一所学校如果没有学生的存在，那么就变成研究院了，失去了教育的意义。因此，学校应该尊重学生的主体地位，把激发他们进行自我教育作为教育的切入点，做学生满意的思想工作，使思想政治教育真正成为以大学生为本的教育而不是机械的教育。努力做到以满足他们的精神需要为立足点，以提高人的思想政治素质为关键点，全面分析大学生的闪光点，因材施教，给大学生创造独立的发展空间，让他们形成独立的个性。实践表明，高校许多思想政治教育工作者正在逐渐完善以生为本的教育理念，这对创新思想政治教育机制具有重要意义。

（二）在教育主体上确立了师生平等的观念

当今社会，随着社会和科技的进步，教育者与受教育者之间信息差减小，因而要求教育者要认识教学双方的平等地位，改进教育方式。教育者和受教育者不再是过去的师徒关系，教育者已经消除了原有的"上智下愚"思想。教育者大多认识到：受教育者的素质和能力不一定都比教育者差，只是在学习时间上比较晚，因此不能动辄就教训人，以势压人，让学生都盲目地接受自己的观点。者站在同一条战线，平等待人、严以律己、宽以待人。思想和言论，也能以平等的身份进行讨论，交换意见，达成共识。思想政治教育工作者在平等观念的作用下，尊严，改变过去"你打我听，我打你通"的教育方式，代替，使受教育者把教育者当成知心朋友。显然，这有利于思想政治教育工作的深入开展。

新时期的思想政治教育，提倡受教育者与教育者在平等、民主、自由的环境中对话，受教育者有权对思想政治教育提出质疑和批评，甚至有权与教育者开展争论，有权拒绝思想政治教育的强制性。平等基础上的信任可以给予受教育者巨大力量和无限希望，能够点燃受教育者自尊心这把火。大学生大多是不甘落后的，一旦受到教育者的信任和平等对待，便会更加珍惜时光。在这种信任的鼓励和支持下，受教育者能够更好地学习，完成受教育任务，实现思想的升华。实践表明，教育者与受教育者放在相同的地位，容易拉近距离，以平等的身份进行交流与沟通，容易取得最佳的教育效果。

（三）在教育方法上确立了以引导为主的观念

过去的大学生思想政治教育采用灌输、填鸭的方式进行，即教师满堂灌，不管学生能否接受。一堂课下来学生会觉得累，也不知道学到了什么东西。针对这种现象，现代思想政治教育充分认识到以引导为主的重要意义。所谓"引导"即教育者组织教学、指导学生读书、引导学生理解、诱导学生思维；精讲重点、疏导难点、加强指导；优化过程、淡化结果、注重实践。强调思想政治教育中教师的主导地位和学生的主体地位，更加有效地发挥学生的主动性和积极性，为大学生的思维跳跃式发展和创造性思维提供了一个广阔的舞台，同时为思想政治教育机制创新奠定了很好的思想基础。

废除过去居高临下的单向灌输方式，在教育者和大学生之间建立的是一种启发式、引导性的教育方式。大学生在此过程中能够自觉、自愿、主动地接受，乐意参加具体的教育活动。俗话说，"师父引进门，修行在个人"。确实是这个样子，如果一味地"衣来伸手，饭来张口"，永远没有自强自立时。学习上更是如此，没有积极性和主动性，不会取得理想的效果。教育者引导受教育者从知识的世界中走出来，回归到丰富多彩的现实生活中，让受教育者真正自己去体会生活中的知识，提高自己发现知识的能力。

二、大学生思想政治教育机制创新的实际操作基础厚实

（一）政策举措为大学生思想政治教育机制创新指明了努力方向

在可预见的未来，思想政治教育将会有一个良好的发展态势。主要因为，首先有党和国家的高度重视。多年来，能提上中央政治局会议专门讨论的学科，马克思主义理论／思想政治教育学科当属绝无仅有。党和国家的重视和支持，对思想政治教育学科建设和大学生思想政治教育的发展，提供了重要的保证，创造了难得的条件与环境。在思想政治教育过程中，政策是一面旗帜，它解决的是方向和原则问题。思想政治教育政策举措提出了机制创新的基本要求，不仅是调节思想政治教育整个过程的正确指针，而且能够调动思想政治教育者工作的积极性和创造性，为解决大学生思想政治教育问题提供良好的条件。

一些地方、部门和学校的领导对大学生思想政治工作重视不够，办法不多。全社会关心支持大学生思想政治教育的合力尚未形成。学校思想政治理论课的实效性不强，哲学社会科学一些学科教材建设滞后，思想政治教育与大学生思想实际结合不紧，少数学校没有把大学生的思想政治教育摆在首位、贯穿于教育教学的全过程。学生管理工作与形势发展要求不相适应，思想政治工作队伍亟待加强，少数教师不能做到教书育人、为人师表。要保证高校思想政治教育的健康发展，就必须建立有利于大学生思想政治教育有效发展的机制，促使大学生树立正确的世界观、人生观、价值观。

（二）理论研究为大学生思想政治教育机制创新提供了思想先导

专家学者从不同角度对大学生思想政治教育进行深入的理论探索，取得了许多成果，为大学生思想政治教育机制创新提供了思想先导。人们普遍认为，要积极构建大学生管理工作的体制，充分发挥大学生思想政治教育的重要作用。

要用理论的彻底性说服人，及坚持用灌输原理，注重思想的渗透，营造理性认同态势。同时还提出，大学生思想政治教育中要注意情感认同与理性认同相结合。这些思想观点，对大学生思想政治教育机制的创新有可以借鉴的地方。

众多学者还分别从过程、目标、评估、保障机制等方面对大学生思想政治教育创新进行深入研究，指出思想政治教育机制创新的目的是使大学生始终处于积极状态，激励他们奋发向上。通过学者的研究可见，思想政治教育机制有约束、激励、预期、妥协、宽容等功能，而众多机制都是通过约束和激励的功能演化而来。这些思想观点，对大学生思想政治教育机制创新具有借鉴意义。

思想政治教育有赖于它生存的客观条件，人的主观意志对其不起决定作用。思想政治教育机制不仅是思想政治教育的有机组成部分，而且对思想政治教育的整体发展具有重要影响，因此，要优化大学生思想政治教育，就必须优化机制中的各因素，从而形成一种实践、认识、再实践、再认识的不断发展过程。这就要求思想政治教育机制的创新既要遵循客观事实，也要在实践中逐渐完善。总之，这些研究为思想政治教育机制创新提供了思想基础和理论依据。

（三）实践探索为大学生思想政治教育机制创新积累了丰富经验

应该承认，大学生思想政治教育取得了很大发展，积累了丰富经验，逐渐形成了一套比较完整的机制。但是，随着高校思想政治教育环境变化，大学生思想政治教育更具有复杂性和多样性，已经形成的机制必须紧随时代的发展变化，体现时代性、把握规律性、富于创造性。

实践表明，大学生思想政治教育机制创新必须有正确的方法，选择正确的道路，以求真务实的精神循序前进。我们看到，有些高校加大管理力度，改进管理方法，要求学生自我教育、自我管理；有些高校在思想政治教育实施过程中，教育者运用各种有效手段，使受教育者的智力与非智力因素得到均衡发展，进一步促使受教育者在知情意行等方面保持积极向上而又均衡发展的态势，使他们自觉养成自律意识，并将自律意识外化为实际行动，进而形成良好的习惯，促进整个思想政治教育的发展。我们还看到，许多从事大学生思想政治教育的教师及其他人员，对思想政治教育形成了比较理想的状态，思想政治理论课教师把教学既当作理想去开展工作，也当作事业去组织，更愿意当作学科去建设和研究，力求教书育人。大学生思想政治教育的实践探索成效明显，并且不断向深度和广度发展，为大学生思想政治教育机制创新奠定了厚实的基础。

三、大学生思想政治教育机制创新的社会环境整体优化

（一）坚实的物质条件

物质资料为社会各项活动提供基础。大学生思想政治教育机制创新虽然不是完全取决于物质条件，但不具备基本的物质条件，该项工作就难以展开。

我国实行社会主义市场经济，创造了社会经济发展的生机和活力，开辟了许多新的经济领域，同时也使大学生思想政治教育具有前所未有的物质条件。思想政治教育的实施是一个比较复杂的工程，需要投入必要的人力、物力、财力，市场经济的发展、经济生活水平的提高、物质条件的改善，为大学生思想政治教育机制创新发展的有力支撑和保障。

大学生生活主要在校园，学校的物质环境是学校构成的硬件，也是对大学生进行思想政治教育的物质基础和重要条件，幽静的小路、精致的景点等都能给学生一个启示，熏陶着每一位大学生的心灵以同时，先进的科学技术开辟了思想政治教育新领域，使得思想政治教育耳目一新，从而培养了大学生的广泛兴趣。全新的传播技术，已经广泛地影响大学生思想政治教育，改变着大学生的生活和学习。网络教学的发展为思想政治教育机制的创新提供了新的机遇，教育者和受教育者可以通过网络进行沟通、交流及进行评价，提出恰当的意见和建议，开创出大学生思想政治教育美好的前景。在科技发达的今天，高校建立了一批有影响和教育意义的思想政治教育专题网站，开展丰富多彩的网上教育活动，充分发挥了思想政治教育的作用。完全可以说，高校物质条件空前的改善，为更好地进行大学生思想政治教育机制创新奠定了坚实的物质基础，促使其向正确的方向发展。

（二）安定的政治秩序

安定的社会政治秩序是思想政治教育的大气候，对思想政治教育具有重要作用。国际国内环境相对稳定，为思想政治教育机制的创新提供了一个广阔的发展空间。

政治制度对思想政治教育的影响起着根本性影响，制约着思想政治教育的发展。在社会政治制度中，国家制度对人们思想政治素质的影响最为明显。我国主张建设的社会主义民主法制，作为上层建筑对经济基础和社会关系产生了重要的促进作用，是实现社会稳定、和谐的根本举措。民主法治是我国社会主义政治制度，为做好人的思想政治工作提供了一个重要的制度环境，人们在这个全面系统的政治体系中，享有法律规定的民主权利，能广泛参与政治生活，在国家事务、社会事务和经济文化事业中行使自己的权利，真正体现了人民当家作主。民主法制，为建立安定的政治秩序提供了根本保证。

社会主义民主和法制建设的逐步完善，已经成为思想政治教育最具影响力的因素，民主法制思想的传播使得思想政治教育能够在一个公平合理的环境中得到提升，完善更多适合当前思想政治教育的机制，取得了良好的效果。我国社会安定，人与人之间关系和睦，而且政治、经济、文化、社会生活等方面都有章可循。在社会井井有条的秩序中，人们互惠互利，资源共享，遇到矛盾通过协商解决。显然，这为创新机制、切实做好大学生思想政治教育提供了社会环境。

（三）丰富的文化资源

中华民族传统文化源远流长。五千年的传统文化光辉灿烂，博大精深，凝聚着传统思想的精华。这对于大学生形成民族凝聚力和强烈的社会责任感有积极的作用。中华民族传统文化中自尊自信、理解信任、坦诚相待等，都成为当代思想政治教育机制创新的一种资源，有利于机制创新。中国传统文化具有鲜明的整体性，各文化之间相互贯通和影响，也为大学生思想政治教育机制的创新提供了重要借鉴。

通过对中国传统文化的继承、发扬和与西方外来文化的对比、借鉴，我国现阶段文化事业发展迅速，取得了许多标志性的成果。我们在大学生思想政治教育机制创新过程中要放开胆量去寻求适合的道路，以开放的胸怀去批判吸收借鉴各国优秀成果。先进文化代表时代文化发展的主流和前进方向，社会主义先进文化的大发展大繁荣，及社会主义先进文化各形态的良性互动，必然带动大学生思想道德素质的提高，使之自觉弘扬思想政治教育所追求的真善美，尽力抵制假丑恶。社会主义荣辱观是当代思想道德建设的重要内容，有利于促进大学生全面发展。

（四）和谐的社会氛围

环境是一个复杂的系统，是由众多因素按照一定的结构构成的有机整体，任何人都不是生活在真空中，现实生活的社会氛围对人们的影响最直接、最明显。和谐的社会氛围能够促进人身心更好地发展，激发人的创造活力，培养人的创新意识，陶冶人的道德情操。社会环境中积极健康的因素能够催人奋发向上，树立崇高的理想。社区的和谐平等、互相帮助的生活氛围，正确的舆论导向，家庭环境的稳定、和谐、典雅、幽静，及人与人之间情感融洽、互相支持和帮助的人际关系等，都是推进大学生思想政治教育的有形和无形的力量。

第四节 大学生思想政治教育机制创新的策略

一、牢固确立大学生思想政治教育机制创新的思想基础

（一）明确机制创新的目的：增强大学生思想政治教育的实效

追求实效性是大学生思想政治教育的永恒主题，机制创新也应该把增强大学生思想政治教育的实效性摆在重要的地位，增强大学生思想政治教育的实效性，一个重要方面是教育对象对教育内容的接受并内化为自己的素质。大学生思想政治教育机制创新更多的是要转变大学生思想，净化大学生的灵魂，提高大学生的思想觉悟，促进大学生全面发展。为此，应该纠正以往高校教育中的一些偏失和不足，将人才的思想道德和政治价值观放在首位。大学生思想政治教育机制创新，不仅要以提高大学生思想道德素质为目的，而且要促进当代大学生的身心健康，促进他们在德智体美等方面整体和谐发展。

思想政治教育的实效最终还在于大学生对社会主流价值的认同和对高尚道德的追求，形成与社会主义经济社会发展相适应的素质。这就要加强大学生思想政治教育的针对性和实效性，在不同层次的教育过程中，进行思想政治教育各种要素的适当整合，抓住不同层次的重点进行分类教育，加强针对性，做到对症下药，有的放矢，促进不同个性的大学生在沿着总体目标发展的前提下各得其所。

在实现大学生思想政治教育机制创新目的的过程中，需要加大感情投入，充分体现机制创新的人文关怀。教育者如果用更多的感情来感化大学生，优化思想政治教育，以健全、完善、严格的教育机制来引导大学生的思想和行为，就可以达到思想政'治教育的理想境界。思想政治教育机制必须着眼于激励和调动大学生内在动力和积极性，让他们在平等交流中获得信息，在坦诚讨

论中得到启示，通过独立的思考和广泛参与，提升自身思想道德素质。

（二）认清机制创新的功能：开创大学生思想政治教育的局面

思想政治教育机制具有重要功能，而机制的创新则在于放大这种功能，开创大学生思想政治教育工作的新局面。

1.需要开放育人，形成学校、社会和家庭齐抓共管的局面

思想政治教育过程是有规律可循的，机制功能之大小在于它是否合乎规律。开放的社会，学校不可能封闭，经济社会的发展无不对大学生产生影响，因此需要开放育人。学校要与社会、与家庭相联系，发挥社会和家庭在大学生思想政治教育中的作用，真正形成学校、社会、家庭等齐抓共管的大学生思想政治教育工作格局。

2.需要统筹安排，促进思想政治教育不同方面协调发展

大学生思想政治教育的内容和形式、目的和手段、方法和途径、主渠道（思想政治理论课）和非渠道等各有自己的特点和功能，但不能各行其是，而是必须形成一个有机的整体，而整体的形成最终都要通过思想政治教育机制的完善来保障。创新思想政治教育机制，能够使得思想政治教育的各个方面充分发挥各自的作用，实现资源有效配置，使各方面根植于理论与人格的力量中，而不随心所欲。在传授理论的过程中，加大人格力量的吸引力，即教育者在教育过程中要达到言行统一、知行统一的有机结合，使得机制创新在更大程度上得到受教育者接受。在思想政治教育机制创新过程中，讲得好固然能被受教育者接受，但是如果做得好就更能让受教育者心服口服，积极参与整个教学过程，从而开创大学生思想政治教育的新局面。

二、着力提升大学生思想政治教育机制创新的整体水平

（一）健全沟通机制

沟通机制在整个思想政治教育过程中起着保障作用。要想在思想政治教育沟通中享受关爱，那么你就只能用爱来交换爱，只能用信任来交换信任。如果你想感化别人，那你就必须是一个实际上能鼓舞和推动别人前进的人。教育者只有甘愿做铺路石，用心和受教育者进行沟通，甘愿付出自己的全部时间和精力，做到为受教育者的进步而高兴，遇到问题不直接阐释，而是通

过师生或是生生讨论，引发学生的争议和探索，做到教学相长，这样的沟通容易取得良好效果。

沟通机制需要通过各种具体方式来实现。谈心是一种独特而有效的沟通方式，教育者在了解受教育者思想根基的基础上，运筹周密、满腔热情地与受教育者进行交流，缩短感情距离。同时尊重和信任受教育者，与受教育者打成一片，遇到问题推心置腹地与学生进行交换意见，善于调动他们的积极性和创造性，就会使思想政治教育工作搞活。一位哲学家说过，"世界上没有完全相同的两片树叶"，事实上世界上也不会有思想、情感完全相同的两个人，因此在开展谈心时要因人而异，更要循循善诱，不带有教师自己的负面情绪，坚持原则性和灵活性相结合，尽量做到在坚持原则的同时不失灵活运用。

积极倾听也是一种特殊的沟通机制，教育者必须站在说话人的角度去考虑问题，从说话人的角度认真调整自己所听的内容，反馈对所听到信息的理解，尽量使自己的表达与说话人的意思表达一致。这样，能够产生教育者与说话人的共鸣，达到良好的沟通效果。教育者在倾听时，还要注意自己的举动，以免产生分心的后果，将自己所有的精力都全身心地投入倾听中，专注准确反馈说话人的意思，达到激发说话人交流的激情。实践表明，教育者积极倾听，才能达到满意的沟通效果，使整个沟通机制产生良好的效应。

沟通机制中还包括众多其他的具体方式，如利用现代发达的网络资源，建立网上思想政治教育聊天室等。思想政治教育工作者应该尽可能多地把握不同的沟通方式，使沟通机制更加完善、发挥更大的作用。

（二）优化激励机制

良好的激励机制能促使大学生全身心投入学习，自觉发挥主观能动性，及深层开发自身潜能。精神激励在激励机制中起着重要作用，当代大学生特别看重别人的赞扬，一旦受到赞扬，他们在学习和生活中就会表现得更加积极，进而实现思想上的升华，在学习中取得更大的成绩。因此，教育者应该注重在教育过程发现受教育者所拥有的优点和闪光点，并运用表扬、奖励的手段来促进他们积极奋进。应该说，精神激励比物质激励更有意义，思想政治教育应改变过去一味的物质激励为更多的精神激励。

赏识也是一种精神激励机制。每个大学生身上既有优点又有缺点，既有积极进取的因素也有消极保守的因素。在大多数情况下，他们都是想将好的东西展示给别人，因此，教育者要善于抓住这一点，将受教育者身上的特点进行归类，对他们的优点进行深层次分析，给予肯定，而对他们的缺点和消极因素给予具体分析，旁敲侧击地加以引导，使消极因素转化为积极因素。

优化大学生思想政治教育激励机制，要求根据大学生思想政治教育的特点，通过教育者不同的激励方法，调动他们学习的积极性、主动性和创造性，使他们保持一个积极兴奋的状态，向既定的目标前进，不断完善自身。在激励过程中应当注意激励的公平公正性，给大学生提供平等的竞争机会，不能把学生分成三六九等，不公正对待，而是应该尽力做到关注每一个学生。教育者不能因为学生取得的成绩在自己看来微不足道就不给予关注，更不能因为学生的一点小错误就给予严厉的处理。进一步说，对于激励机制的使用要常抓不懈，切忌时断时续、忽冷忽热。健全激励机制，应当将对大学生有激励作用的机制推而广之，使之成为推动大学生前进的动力。只有使激励经常化、规范化和制度化，才能保证激励机制持久、有效地发挥作用。

（三）整合保障机制

思想政治教育有其自身的结构和规律，要达到预期目标，就必须建立健全保障机制。思想政治教育的保障机制可以从不同方面论列，但最重要的莫过于队伍、经费和制度。

一个学校能不能为社会主义建设培养合格的人才，培养德智体全面发展、有社会主义觉悟的有文化的劳动者，关键在教师可见，建设一支政治强、思想好、业务精、踏实肯干的思想政治教育队伍（包括干部队伍、辅导员队伍和教师队伍）是保障机制的首选。要按照充实数量、优化结构、提高素质的总体要求，加强思想政治教育队伍建设。一是按照国家规定的比例充实队伍，选拔德才兼备的人员担任大学生思想政治教育的任务。二是通过多种形式，努力提高现有思想政治教育队伍的政治思想素质和业务能力。三是保持思想政治教育队伍的相对稳定，使之积累经验，逐渐成为思想政治教育的行家里手。四是提高思想政治教育队伍的地位，在全面考核的基础上，对成绩优异者给予大力表彰。五是关心思想政治教育队伍学习、工作和生活，改善条件，提高待遇，促进发展，以最大限度地调动其积极性、主动性、创造性。思想政治教育工作者要加强自我修养，实现自我完善、自我发展，不断开创思想政治教育新局面。

任何工作都要有投入。当前，大学生思想政治教育处于一个冷热交换期，设施并不是很完备，如果不给予经济上的支持，不久的将来会出现思想政治教育形同虚设的状态，起不到应有的作用。高校应改变过去思想政治教育"一张嘴"的做法，在各个方面都给予必要投入。不仅包括思想政治教育经常性理论教育经费、实践调研费、大型宣传教育活动经费等，更多的应该是当前思想政治教育者的培养经费、图书资料的经费等的投入及现代传媒等科技手段的投入，尽快实现思想政治教育的现代化。

制度是一种规范，大学生思想政治教育同样需要制度规范。制度能够保障管理者规范地管理，教育者认真负责地施教，受教育者努力地学习，形成思想政治教育的和谐局面。因此，要建立健全思想政治教育规章制度，对思想政治教育的主体、对象、过程、内容、方法等作出明确规定，使思想政治教育能够良性运行，实现工作的规范化，保证各个部门、各类人员各司其职，协调配合。

（四）完善评价机制

评价是大学生思想政治教育不可缺少的重要环节。要从新时期大学生思想政治教育的要求和大学生自身的实际出发，根据求实创新的原则，创建体现时代精神的评价方法。首先，要进行多主体评价。在大学生思想政治教育评价过程中，评价主体不仅是教育者，而且也应该包括受教育者。思想政治教育工作者与受教育者在人格平等的基础上互相交换意见，平等地进行交流，不能因为地位不同而有不平等的对待。评价要切实从学生和教师的切身利益出发，及时、准确地了解大学生的思想政治教育的实际，真实反映思想政治教育过程中存在的问题。其次，进行多向度评价。在评价过程中，教育者与受教育者之间、受教育者与受教育者之间，不能是单向地评价，不仅要敢于评价别人，而且要敢于接受别人的评价；不仅要对别人进行评价，而且要进行自我评价，形成双向互动和多向互动的评价格局。最后，进行全面性评价。对教育者和受教育者、对过程和结果、对成绩和问题应该全面地看，而不能只知其一，不知其二。单单从一个侧面进行评价，解决不了大学生思想政治教育工作中的深层次问题，做不了前瞻性的创新工作。只有在评价过程中坚持全面性和整体性原则，通过反馈体系及时发现大学生思想和生活中存任的问题，避免错误扩大化，才能使得整个评价过程更加客观，因而更加有利于思想政治教育的健康发展。

当今社会，社会主义现代化速度、人们的生活节奏明显加快，表现出来的最大一个特点就是追求效率，与此相适应，人们思想变化也较快。思想政治教育当然要引入效率这个概念，即注重质量，讲求效率，力争达到事半功倍的效果。这就需要评价机制中重视用有限的时间达到最佳的效果，引导思想政治教育者按照实际情况，及时地对其进行分析评价，并及时调整和采取切合实际情况的评价方式，提高评价机制的效率。

三、主动化解大学生思想政治教育机制创新中的突出矛盾

大学生思想政治教育机制创新是一项复杂而艰巨的系统工程，创新中会出现诸多矛盾，能否正确认识和处理这些矛盾，关系到大学生思想政治教育的质量、水平和实效。

（一）发扬优良传统与超越传统模式的矛盾

思想政治教育中的传统包括两个方面，即具有长久意义的优良传统和不合时宜应当革新的传统。当代思想政治教育是在以前思想政治教育成功经验基础上开展的，离开了传统思想政治教育就会失去继续前进和发展的前提条件，甚至可能割断思想政治教育发展的历史，成为无源之水。可见，大学生思想政治教育必须深深扎根于思想政治教育优良传统的土壤中，挖掘丰富而有当代价值的资源，使大学生思想政治教育具有深厚的历史底蕴。

思想政治教育传统中有许多仍然具有当代意义。在教育内容方面，传统思想政治教育中强调自强不息的精神、艰苦朴素的作风、义重于利的价值观念，这些对于大学生思想政治教育创新具有重要的作用；在教育方法方面，

思想政治教育一向追求的实事求是、民主疏导、渗透、激励、示范，及交心谈心、批评和自我批评、预防教育、心理咨询等，这些都有利于促进思想政治教育的进一步创新；在主体作用方面，传统思想政治教育强调教书育人、为人师表及学生尊敬师长、学生之间团结友爱等，这些也仍然具有当代价值。

思想政治教育既要发扬传统，又要超越传统，体现与时俱进的精神。大学生思想政治教育需要相互学习借鉴、取长补短，如果自鸣得意、闭门造车，只能导致落后。时代在不断进步，大学生思想政治教育机制要紧随时代的发展而发展。现实表明，大学生思想政治教育并不是都能够跟上时代的发展，有些是在传统模式中徘徊，而且在很多思想政治教育者头脑中存在一些不适应时代发展要求的认识，用一些旧的模式和思想观念来教育受教育者，其结果达不到预期效果，有时候反而会帮倒忙，因此，必须抛弃思想政治教育传统中那些不合时宜的东西。进言之，即使是对思想政治教育传统中那些仍有当代价值的东西，也要赋予新意，结合时代的要求充实内容，改造形式，使之日益完善。

在传统的发扬与超越的关系问题上，一个不容忽视的问题是，大学生思想政治理论课仅仅只是按照书本知识组织教学，脱离学生实际、缺少与其他学科的必要联系，因而导致思想政治教育机制僵化、效果欠佳。这种忽视学生主观能动性的发挥，使学生处于被动、服从地位的做法，难以达到思想政治教育的预期目的。这种缺少与其他学科联系的做法，也使思想政治理论课程难以达到全面了解和教育学生。因此，超越传统，要在遵循马克思主义的世界观和方法论的基础。从大学生思想的实际出发，贴近实际、贴近生活，尊重学生主体地位，发挥学生主观能动性；同时，需要将各学科有价值的东西运用到思想政治教育中，吸取其丰富的养分，丰富思想政治教育的资源，增强思想政治教育的活力。只有如此，才能使思想政治理论课发挥育人功能，达到预期目的。

（二）遵循统一目标与促进个性发展的矛盾

大学生思想政治教育机制创新过程中，在锁定统一目标的基础上，针对个人特点采取具体措施，促进大学生各得其所，充分发展自己的个性。

思想政治教育说到底是做人的工作，在现实生活中，由于人们所处的环境、地位及个人兴趣、爱好、教育程度、思想觉悟等各个方面的差异，使得思想教育工作不能"一刀切"。过去那种简单划一的做法违背了思想政治教育的规律，违背客观事实，不利于正确发挥思想政治教育的作用。

大学生思想政治教育的目的是促进大学生全面发展，包括每个大学生的思想道德素质在原有基础上有所发展，及作为个体的大学生素质尤其是个性的全面发展。在思想政治教育机制运行过程中，要将大学生全面发展最终落实到大学生个人的发展，使之完善个性，成为有独立个性的人。人既是一种生理意义上的存在，同时也是一种超越生命的存在，是一种具有无限丰富性和多样性的存在。人的存在既是一个被外力塑造的自然过程，也是一个自主自觉的能动性创造的过程疸'现实中的大学生总是有差异的，一个人可能在这个方面不如他人，但是在另外一个方面可能强于他人，人无完人，不可能处处都强于他人。强于他人的地方是教育者值得关注的，弱于别人的地方则更是教育者应该帮助的。教育者应当用一只眼睛去看受教育者的缺点和不足，用另一只眼睛不断地寻找和感知受教育者的优点和成绩，进而有针对性地进行教育，扬长补短，促进大学生个体在原有的基础上得到发展。应该指出，促进个性发展不是脱离统一目标，只是不能局限于统一目标，要在统一目标的指引下，有针对性地、主动地创造条件促进大学生个性发展。

人都要经历一个社会化和个性化的过程。社会化是指共性原则和统一目标，个性化指个体发展和特质所在。尊重个性发展是任何一个健全社会的必然选择，也是大学生思想政治教育机制创新的重要任务。

（三）维护学生权益与严格要求学生的矛盾

大学生是一个素质更高的群体，应当使他们能够在维护自己权利的同时，争取做到严格要求自己。在对大学生进行思想政治教育的过程中，教育者既要行使维护学生权益的职能，又要做到严格要求学生，两者并重，缺一不可。过分强调严格要求而忽视维护权益，对学生过分约束，极易使学生的权利受到侵害。反之，过分强调维护权益而忽视严格要求，易使整个教育秩序陷入混乱，不利于学生全面发展。传统的教育理念总是存在不是忽视前者就是忽视后者的问题，有些学校甚至只是重视严格要求，以严格要求为荣，并注重总结这方面的经验，而对于学生权益方面则考虑很少。其实，维护学生权益，并不意味着要放松要求，而是要两手抓，使得均衡发展。

在大学生思想政治教育过程中，只有把对受教育者尊重、理解、关心，及维护他们的权益与严格要求统一起来，才能够使受教育者打开心扉、增强动力。这就需要教育者在柔性基础上进行刚性教育，把对学生的严格要求融入各种维护学生权益的活动中，做到严格要求中有维权，维权过程中严格要求，使得两者相得益彰，互补互促。立足于维权，辅之以严格要求，使思想政治教育"务实"与"务虚"有机结合，将维权与严格要求统一于思想政治教育的实践活动中。没有维权，没有晓之以理、动之以情的教育意识，只靠硬性要求命令，真正的管理难以实现，容易使大学生产生抵触情绪，于是思想政治教育发挥不了应有的作用。大学生思想政治教育，应该努力构建维权与严格要求结合起来的新机制，善于把维护学生权益与严格要求学生结合起来。这是当前思想政治教育机制创新的一条重要方而。

（四）传授理论知识与提高思想素质的矛盾

思想政治理论课是大学生思想政治教育的主渠道。思想政治理论课有双重任务：一是传授马克思主义基本理论。二是提高学生思想素质。就两者关系来说，前者服从于后者。大学生思想政治理论课不能只是知识的传授，最重要的是提高大学生的思想道德素质。现实的问题是，一些高校的思想政治理论课在知识传授过程中忽视了学生思想素质的提高，使受教育者面对社会中的困难无法运用所学的知识去解决，缺乏分析问题和解决问题的能力，因而思想政治理论课的育人功能难以实现。有鉴于此，教育者应当在传授理论知识的同时，成为大学生学习成才的指导者和引路人，帮助他们总结学习经验，改进学习方法；同时培养受教育者应当具备的责任心、道德判断能力、是非鉴别能力等，以提高他们的理论水平和适应社会的能力。教育者应当努力寻找传授理论知识与提高思想素质的最佳结合点，达到师生共鸣，以增强思想政治教育的效果。

正确处理教育过程中传授理论知识与提高思想素质的矛盾，即正确处理手段和目的的关系。传授理论知识并非目的，而是手段。上好思想政治理论课是为了提高学生思想道德素质。理论知识是思想政治素质的基础，掌握了理论知识才能促进思想政治素质的提高，但不能把传授理论作为思想政治理论课的最终目的，更不能出现知识化的倾向。当代大学生除了掌握理论知识以外，还需要注重自身素质的提高。教育者应当把大学生思想道德素质的提高主动融入传授理论知识的过程中，将大学生思想道德素质的提高贯穿于传授理论知识的全过程。

创新是开拓性的工作，重在实践，没有大胆的实践，就不可能创新。在新形势下做好大学生思想政治教育工作，必须以创新的精神积极探索符合新时代成长规律的大学生思想政治教育机制，不断提升大学生思想政治教育水平。应该说，大学生思想政治教育机制创新既是一个比较复杂的问题，也是当前理论研究比较薄弱的一个方面，因此需要进一步努力探索，不断推出新的研究成果，从而为大学生思想政治教育步入新台阶提供理论和技术支撑。

第四章 大学生思想政治教育的原则方法和意义

第一节 大学生思想政治教育的原则

一、大学生思想政治教育的基本原则

（一）方向性原则

方向性原则是指大学生思想政治教育的全部活动要始终与社会发展的要求相一致，坚持正确的政治方向不动摇。当前，方向性原则主要体现为大学生思想政治教育要旗帜鲜明地坚持社会主义和共产主义方向，坚持党的基本路线，要与中国共产党的纲领与宗旨相一致。坚持方向性原则对大学生思想政治教育活动具有非常重要的意义。首先，只有坚持这一原则，才能保持无产阶级思想政治教育的本质特色。其次，只有坚持方向性原则才能统一人们的思想与行动，充分发挥思想政治教育的作用。最后，坚持方向性原则是实现思想政治教育价值的根本要求。思想政治教育价值的实现与否，必须以教育目的的实现程度和方向原则的贯彻程度来衡量。

要在大学生思想政治教育过程中坚持社会主义方向，首先，必须始终坚持以马列主义、毛泽东思想和中国特色社会主义理论体系作为思想政治教育的指导思想。其次，提高贯彻思想政治教育方向性原则的自觉性。作为以培育"四有"新人为己任的大学生思想政治教育，更要始终牢记这一点。要使大学生思想政治教育工作者认识到，坚持思想政治教育的共产主义方向，是有效开展大学生思想政治教育活动的根本保证，因而在实际工作中要自觉运用这一原则，将其精神贯穿在具体的思想政治教育活动中。同时，也要帮助

大学生认识到，坚持正确的政治方向，有利于个人的全面发展，有利于政治与业务的统一，有利于红与专的统一、德与才的统一，从而坚持向共产主义方向前进。最后，贯彻方向性原则必须讲究科学性。要很好地贯彻方向性原则，就必须将坚定的原则性与方法的灵活性结合起来，努力使大学生思想政治教育自然地渗透到社会生活的方方面面，从而潜移默化地影响人。要努力探寻方向性原则与思想政治教育具体目标之间的契合点，并以方向原则统摄各种具体目标，使共产主义方向成为大学生思想政治教育的灵魂。

（二）求实原则

求实原则，它体现了一种科学的工作态度。思想政治教育是一项实实在在的转变人的思想的工作，因而任何华而不实和不切实际的做法都难以取得良好的教育效果。大学生思想政治教育的一个重要特点就是具有针对性，要做到这一点，教育者必须遵循实事求是的原则。教育者在进行思想政治教育的过程中，必须从社会发展的现实和受教育者的思想实际出发，运用马克思主义的基本理论去解释分析社会问题和受教育者的思想问题，并从中寻找出解决问题的基本规律，来指导大学生思想政治教育的活动。求实原则，是指大学生思想政治教育要始终坚持"理论联系实际，一切从实际出发，实事求是"的思想路线和原则。

（三）民主原则

民主原则，是指在大学生思想政治教育中，尊重学生的主体性地位，尊重其人格和民主权利，创造条件让大学生充分发表自己的意见并加以正确的引导。民主的实质是平等。大学生思想政治教育中的民主就是教育者与受教育者双方在充分尊重对方的人格和民主权利的前提下，创造条件让双方充分表达自己的思想和意见，并在此基础上正确处理相关问题，共同完成大学生思想政治教育的任务。大学生思想政治教育并不能直接作用于人的行为，而是先通过对象错综复杂的心理品质作用于人的意识，转而影响其行为。作为教育对象的大学生一般都是青年，他们的自我意识已经渐趋成熟，对自己以及自己和周围的关系开始有了独立的认识和评价，较少盲从，主体意识明显。因此，大学生思想政治教育的成效，在很大程度上取决于教育对象对教育内容的关心、思考和理解的积极性和主动性是否被调动起来以及被调动的程度。因此大学生思想政治教育必须坚持民主性原则，突出学生的主体地位，教育者与受教育者以平等态度交流思想，互相尊重，创造民主、平等、和谐、生动活泼的教育环境和气氛。

二、大学生思想政治教育原则的特点

（一）辩证性

思想政治教育原则体系是以辩证唯物主义和历史唯物主义为理论指导，对思想政治教育客观规律主观认识的产物。大学生思想政治教育是一个不断发展的过程，新事物、新情况、新问题层出不穷，每个人都不可能穷尽真理认识的历史长河，加之不同个人的认识能力、认识水平又有差异，因而人们对大学生思想政治教育规律和原则的认识都具有相对性。大学生思想政治教育原则之间既有区别又有联系，对各个原则的认识也不能绝对化，要看到它们之间的相容性、交叉性、衔接性。大学生思想政治教育原则是思想政治教育系统内在本质关系的抽象，只有深刻理解思想政治教育过程中的各种关系，所确定的原则才能较为符合实际。

（二）整体性

大学生思想政治教育原则体系的整体性特征表现在以下两方面。

第一，大学生思想政治教育原则是以大学生思想政治教育规律作为客观依据而构建起来的；各原则之间具有紧密的内在逻辑联系，它们相互作用、相互补益而构成一个整体。

第二，大学生思想政治教育原则体系具有"1 + 1 > 2"的整体功能。大学生思想政治教育原则体系虽然由众多具体原则所组成，但这些原则相互关联，不可分割，在运用原则时不能顾此失彼，而应当统筹兼顾，综合运用。

（三）层次性

大学生思想政治教育原则体系是按照由整体到局部、由一般到个别、分层次有序排列的，每个层次的原则都是在一定的范围内和条件下起作用，都有自己特殊的功能和意义。

（四）动态性

大学生思想政治教育原则是一个多层次的动态体系，不是孤立静止、僵死不变的。

第一，随着人们社会实践的发展，大学生思想政治教育的新经验将得到不断总结，新规律将会不断被认知，反映这些规律的新原则也就出现了。

第二，即使思想政治教育的同一个原则，其内涵会随着实践的发展而不断丰富。

第三，大学生思想政治教育原则的运用也是随着时间、地点、条件的不同而有所不同。

第二节 大学生思想政治教育的主要方法

一、大学生思想政治教育的过程方法

（一）过程方法的内涵

日常生活中几乎所做的每一件事都是一个过程。组织要想有效运行，就必须对许多相互关联和相互作用的过程进行识别和管理。通常，过程是连续不断的，一个过程的输出将直接成为下一个过程的输入，从而形成过程链。运用这一管理手段，能有效地提高组织的竞争力。过程方法的基础是所有工作都是通过过程来完成的。每个过程都有输入，输出便是过程的结果。任何一个组织的存在都是为了实现其不同的效益（包括经济效益和社会效益），这些效益是通过一个过程网络来完成的。任何事情基本上都是由主要矛盾与次要矛盾构成的，均有矛盾的主要方面和次要方面。过程方法要求我们首先要确定所有过程中的主要过程，然后确定过程之间的"接口"、过程与过程之间的关系等。一个组织要想取得理想的效果，就应该按照过程方法来建立一个质量管理体系。通过运用过程方法体系来使组织以最高效的方法实现组织的目标。过程方法体系要求组织首先识别实现目标所需要的过程；其次了解体系内诸过程的内在依赖关系，关注并确定体系内特定过程应如何运作；最后通过测量和评价持续改进体系的符合性、有效性等，也就是要按照这种

方法建立和实施组织的质量管理体系。

（二）过程方法的应用

1.制定学校管理战略

制定学校管理战略时，必须考虑以下三个因素。

第一，国家的法规框架，即宪法、教育基本法、学校教育法、教学大纲以及各级政府有关教育的方针、法规等。

第二，社会的需要，即社会对教育的期望、要求。高度发展的科技和信息化、剧烈的社会变化和经济发展、人际关系和生活方式的变化、家庭环境的变化等，都向学校提出诸多课题。

第三，学校的实际条件，即每个学校的特殊情况，包括以下四方面：①教师队伍的教育观、教学观、教师观、学生观，以及对教育改革的态度等。②学校的学习环境、人财物的条件、信息环境，以及教风、学风、学校文化等。③学生的学习态度和作风、学习要求、校外生活状况，以及学生个性与特长的实际情况。④地区社会的特性及学校与地区社会的联系情况。

上述四种特殊情况不是孤立的存在，而是一个有机的组合。制定教育目标时要以教育法规框架为背景，并立足于每个学校实际情况去把握社会、政府和家长等提出的各种要求。制定管理战略，要有认真研究问题和敢于创新的基本态度，要抛弃保守的和维持现状的消极态度。学校的自主性、特色就应体现在不断地提出问题、研究问题、解决问题和开创新的办学路子等方面。

教师的参与，对制定学校教育目标以及教育计划具有重要的作用，而且对其实施过程有决定成败的作用。在教师的参与问题上，往往出现以下两种情况：①会议多，教师没有时间评价学生作业。②出现意见分歧和冲突。

由此可见，对教师的参与要掌握适度。鼓励教师积极参与决策，这对发扬民主是必要的、积极的举措。而意见分歧和冲突，也是学校积极发展的力量源泉。

2.实施管理战略

教育管理过程（或者教育工作过程）大体上可简化为目标—计划—实施—评价过程。战略目标（教育目标）实现过程，也无异于此。提高学校教育目标的共识度，即做到学校教育目标广为人知，成为全体教职工以及学生的行动目标。加紧把学校教育目标具体化，即让学校教育目标变成为可操作的实践指标，并成为每个教师的实践指标。教师结合自己工作实际把学校教育目标分解为自己的工作目标，这是学校教育目标的具体化，是实现目标的一个不可少的步骤。

3. 加强对学校教学目标完成的评估

加强对学校教学目标完成的评估可以分为两步来完成：首先在计划实施过程中对计划实施的进度和质量进行跟踪评估；其次待该计划完成以后，对整个计划完成情况进行评估，并研究分析找出不足之处，加以改进。学校教育的目标不应是教条的，只有经过策划—计划—实施—评估—目标……的循环规程，才能更好地得以修正和完善。高校管理过程就本身而言是封闭系统，通过以上所述的几个环节不断循环运动，周而复始。但是这种循环又不是简单地由前一个环节直接进入后一个环节，各环节之间是有反馈回路的，以提升工作。不断循环上升，不断实现学校更高层次的目标，不断发展、完善新的规范来适应社会对学校越来越高的要求。

二、大学生思想政治教育的系统方法

（一）系统方法概述

1. 系统方法的基本内涵

系统是由相互联系、相互依赖、相互作用的若干组成部分结合成的、具有一定结构和功能的有机整体。系统是由它的所有组成部分构成的统一整体，具有整体的结构、整体的特性、整体的状态、整体的行为、整体的功能等。系统论认为，世界万物皆系统。系统具有以下三个基本特征：①系统是由若干元素组成的；②元素相互作用、互相依赖；③元素间的相互作用，使系统作为一个整体具有特定的功能。

所谓系统方法，就是根据系统的观点，从整体出发，辩证地处理整体与部分、结构与功能、系统与环境、功能与目标的关系，找到既使整体最优，又不使部分损失过大的方案作为决策的依据，以实现整体最优化的方法。系统方法要求人们把对象和过程视为一个相互联系、相互作用的整体，并且尽可能将整体作形式化的处理。系统方法所处理的对象，都是由种种关系和相互联系交织起来的网络画面，采用系统方法时，应尽可能将此画面进行组织化的科学抽象，从而具体地反映和把握世界。

2. 系统方法的明显特点

系统方法同传统方法相比，有着明显的特点，这些特点也就是我们运用系统方法研究和处理大学生思想政治教育时要把握的一些原则。

（1）整体性

整体性是系统方法的核心。根据系统论的观点，系统是由诸多部分或要素组成的有机整体，系统的整体性质和规律，只存在于组成它的诸要素的相互联系和相互作用之中，而不等于各组成部分或要素孤立的性质和活动规律的总和，即"整体大于部分之和"。所以，在研究系统时，必须从整体出发，立足于通过整体来分析部分以及部分之间的关系，再通过对部分的分析达到对整体的深刻理解。

（2）动态性

任何现实的系统，一般来说，都是处于动态的"活系统"。虽然在科学研究中，人们经常采用理想的"孤立系统"或"闭合系统"的抽象，但是实际存在的系统，无论在内环境的各要素（或子系统）之间，还是在内环境与外环境之间，都有物质、能量、信息的交换与流通。因此，从原则上说实际系统都是活系统。

（3）最优化

最优化即通过系统的要素、结构以及与环境的关系，经过科学的计算、预测，做出系统目标的多种方案，从中选择最佳的控制和最优化的管理。当然这里的最优是一个相对的概念，只有更好，没有最好。系统的目标往往是多元化的，甚至有的是直接对立的，在对立的系统中寻找整个系统最优化总目标的确是非常困难的。

（4）综合性

综合性就是把任何整体都看作以诸要素为特定目的而组成的综合体，要求研究任何一对象必须从它的成分、结构、功能、相互联系方式、历史发展等方面进行综合考察，这是系统方法最为突出的一个特点。系统方法还突破了传统方法的局限性，但又不是一般的否定分析，而是把分析与综合有机地结合起来，其出发点是综合，又在综合的指导下进行分析，然后再回到综合。其综合性主要表现在：它在观察和处理事务的时候，把事务的各个部分、各个方面、各个因素、各种联系和相互作用结合起来加以考察；在考察事务成分和结构的同时还考察事务的功能和产生、发展、运动、变化的历史，从而从不同的侧面、不同的层次和不同的状态综合地研究事务。系统方法的综合性原则还要求：不能单凭某一方法或某一科学知识认识和处理问题，而是要综合地运用各种方法和知识来认识和处理问题。这其中包含着社会科学、自然科学和工程技术等诸多方面的知识和技术。这就使它具有多种多样的功能：既可以用来认识事务，又可以用来解决问题；既可以用来进行定性研究，也可以用来进行定量研究；既可以用来研究历史和现状，也可以用来预测未来。

（二）系统方法的价值

1.可以有效地认识、调控、改造和创造复杂的系统

系统方法是扬弃了传统科学的简单性原则而产生的。20世纪多年代以前，在研究复杂事物和复杂过程时，主要采用从实体上进行还原的分析组合方法，试图在所有的现象中找到共同具有的物质实体（譬如，物质性的原子），把它作为差异的共同基础，至于这些实体所形成的复杂关系则很少受到重视，基本上用线性因果关系加以处理。这就把复杂问题不适当地简单化了。而事实上，世界上的事物和过程是复杂的，是由多种因素或子系统复杂的相互作用所构成的，所以需要系统思考。在这方面，系统方法提供了解决困难的钥匙。

2.可以提供制定最佳方案的手段

系统方法为人们提供了制定系统最佳方案以实行组合和优化管理的手段。在认识自然和改造自然的过程中，在认识社会和改造社会的过程中，系统方法可以帮助人们制定最佳方案，优化组合与管理，取得尽可能大的效益，用最少的投入取得最大的利益。

用系统方法将相互关联的过程加以识别、理解和管理，有助于高校提高实现目标的有效性和效率。大学生思想政治教育的过程是相互关联和相互作

用的，每个过程都会在不同程度上影响大学生思想政治教育的质量。要对各个过程实施系统的控制，确保大学生思想政治教育预定目标的实现，就需要建立大学生思想政治教育质量系统管理体系，运用系统体系管理的方法，实施对各个过程的控制，才能有效和高效地提高大学生思想政治教育的效果。

3. 可以提供新思维

系统方法突破了传统的只侧重分析的机械方法的束缚，指导人们从总体上进行思维，探索科学技术发展的新思路，建立综合学科、交叉学科和边缘学科，促进自然科学与社会科学的统一，促进科学家与哲学家的联盟，帮助人们打破两种科学、两种文化的界限，建立统一的世界图景和文化图景，建立起系统的自然观、科学观、方法论和人类社会图景，防止思维的狭隘和偏激。因此，系统方法对于当代大学生思想政治教育来说尤为重要。

第三节 大学生思想政治理论课实践教学的目的

坚持以马克思主义为指导的思想政治教育，是中国共产党的政治优势和优良传统，是取得革命胜利和社会主义建设成就的思想保障。作为大学生思想政治教育重要组成部分的高校思想政治理论课，要做到走进大学生的心灵，成为学生真心喜爱、终身受益的课程，就必须提高课程教学的实效性。搞好大学生思想政治理论课实践教学，强化理论与实践的结合，以鲜活的材料、直接的体验和生动形象的教学方式化解理论的艰涩、拉近课堂与社会的距离、拨动学生忧国忧民的情感之弦、强化中国特色社会主义的共同理想信念，为实现"中国梦"培养更多具有创新精神和能力的建设者和接班人，则始终是实践教学的出发点和归宿。

提高我国高等教育的质量和人才培养水平，既是解决我国经济社会发展深层次矛盾，顺应全球强化高等教育质量的形势要求，也是把握新科技革命和知识经济的时代特征，解决高等教育自身面临的突出问题，如，"一些毕业生不能尽快适应工作，基本的职业训练不够，动手能力、团队精神、吃苦奉献意志还需锤炼"等的需要。大学生思想政治理论课开设的目的，就是从提高高等教育质量和人的全面发展水平出发，通过让大学生学习、领会和掌握马克思主义理论的立场、观点和方法，在深入了解中国国情的基础上，牢固树立中国特色社会主义的理论自信、道路自信和制度自信，以高尚的道德情操，坚定追求"中国梦"这一中国特色社会主义的共同理想信念，成为德、智、体、美全面发展的"四有"公民。

高校思想政治理论课的开设，目的就是帮助和引导大学生在正确认识客观世界和主观世界的基础上，以实践为依托，提高改造这两个世界的能力。因此，对大学生开展以马克思主义理论为基础的思想政治教育，不仅仅是为了让大学生知道理论本身、掌握几个教条；而是为了让他们始终坚持马克思主义理论的指导思想，坚持中国特色社会主义的共同理想，坚持以爱国主义为核心的民族精神和以改革创新为核心的时代精神，坚持社会主义荣辱观，掌握科学的思维方法和提升创新能力，最终成为时代发展所需要的创新型、复合型人才。

大学生思想政治理论课实践教学是大学生在思想政治理论课教师的指导下，采用观摩、辩论、讨论、观察、调查、访问、宣传等形式，通过课堂、校园、社会、网络等实践途径，循序渐进，促进学生道德教育的知、情、意、行的全面发展，最终完成知识体系向信仰体系升华的教学活动。不同于高校共青团、学生会工作和大学生假期社会实践活动，思想政治理论课实践教学被纳入学校整体人才培养方案和课程计划中，有固定学时和学分，它是高校思想政治理论课重要的有机组成部分。

思想政治理论课实践教学，是新时期党和国家对大学生思想政治教育提出的新要求，它内蕴着党和国家对 21 世纪大学生心理特点和新时期高校思想政治教育规律的新判断，标志着高校教育教学方式和管理模式的新变革。

理论教学和实践教学是思想政治理论课的两个有机组成部分。实践教学不仅是理论教学的必要延伸和重要补充，而且其自身也有理论教学难以替代的独特作用。丰富多彩的实践活动，可使同学们进入到一个全新的世界。在老师的指导下，同学们亲身实践，体验思想政治理论课的魅力，独立思考，自由探究社会发展的规律，亲身践行美好良善的品德，全面提升自身的素质。实践证明，这些实践活动是达到思想政治理论课教学目的所必需的。大学生参加实践活动，在能力形成和情感、态度、价值观养成中的作用，为传统的"师讲—生听—应试"式的教学所难以替代。因此，大学生思想政治理论课实践教学的实施，可增强思想政治理论课的针对性、实效性、吸引力和感染力，促进大学生综合素质的全面提高。

开展大学生思想政治理论课实践教学的目的，在于充分发挥实践育人的作用在教师的指导下，把社会实践作为"第二课堂"，既化解课堂理论讲述的抽象生涩、枯燥乏味，又深化理论对于实践指导作用的理解；既拉近学生与社会各阶层群众的感情距离，又坚定他们对中国特色社会主义理想信念的信心；既亲身见证中国特色社会主义经济、政治、文化、社会与生态建设所取得的的丰硕成果，又充分认识到完成各项建设任务的长期性、艰巨性和复杂性，进而增强大学生的历史使命感和责任感，并努力提升自身的思想道德素质和科学文化水平，为"中国梦"的实现打下坚实的基础。

要鼓励师生深入边远贫困地区和少数民族地区，深入企业、社区、乡村，开展科技服务，扶助困难群体，拓展志愿活动，接地气、知实践、动真情，增加对国情、社情、民情的切身感受，密切与人民群众的联系，在社会服务实践中起作用、长才干、做奉献。学生的综合素质，主要包括社会责任感、创新精神和实践能力，这三者是一个整体。其中，实践是基础。不参与社会实践，就不会有社会责任感，也不会有创新精神。不了解国情，不了解社会，不了解人民，何谈为国家奋斗，何谈为人民服务。实践包括实习、实验，也包括调研、参观、考察和志愿服务等。

马克思主义理论认为，社会生活在本质上是实践的，实践产生了认识的需要，实践为认识提供了可能，实践使认识得以产生和发展，实践是检验认识的真理性的唯一标准。马克思主义理论的特色也在于一切从实际出发，实事求是，理论联系实际，在实践中坚持真理和发展真理。

从高校思想政治教育环境的角度来说，良好的思想政治教育环境对于大学生确立正确的世界观、人生观、价值观有着强化、导向和感染的作用。有选择性地把在改革开放以来取得卓著成效的单位作为大学生的学习实践平台，有助于大学生在实际对比的基础上，消化、理解、掌握和运用马克思主义理论。

可见，搞好大学生思想政治理论课实践教学，改革单纯的理论教学灌输模式，以生动的社会实践把社会生活与理论学习相结合，丰富教学的内容和手段，化解理论的艰涩，提高思想政治理论课教学的实效性，强化中国特色社会主义的共同理想信念，培养更多为实现"中国梦"而努力奋斗的具有创新精神和能力的建设者和接班人，不但具有十分积极的作用，而且也是贯彻马克思主义理论自身的需要。

第四节 大学生思想政治理论课实践教学的意义

一、有助于大学生深化对马克思主义理论的认识

马克思主义理论是科学的世界观和方法论，其特色在于一切从实际出发，实事求是，理论联系实际，在实践中坚持真理和发展真理。在中国革命和建设的历史长河中，将马克思主义的普遍真理和中国革命的具体实践相结合，中国人民取得了新民主主义革命的伟大胜利和社会主义建设特别是改革开放以来的辉煌成就。中国近现代以来的历史、国情，以及改革开放以来所取得的巨大进步均向我们昭示，马克思主义基本原理的立场、观点和方法，始终是指导中国人民实现"中国梦"的有力理论武器。

二、有助于大学生增强中国特色社会主义的"三个自信"

加强大学生思想政治理论课的实践教学力度，一是可以让大学生直接从新中国成立以来特别是改革开放以来的社会发展所取得的成果中，体验社会主义制度的优越性；二是可以从中国特色社会主义道路与资本主义国家同期社会发展的不同速度与规模中，感受中国道路对我国国情的良好适应性，以及相对于资本主义发展道路所显现的巨大活力与优势；三是可以从来自经济、政治、文化、社会及生态等领域内国家治理不断完善，社会发展日益均衡，统筹兼顾日益得到体现，人的全面发展空间日益扩大，社会主义本质越来越得到体现等一系列事实中，感悟中国特色社会主义理论的独特魅力；四是可以让大学生在对社会发展所面临问题的直接观察中，认识到社会发展的长期

性、艰巨性和复杂性，既对以"三个自信"来解决发展中的难题抱有信心，又脚踏实地、刻苦努力，为实现"中国梦"学好知识和本领。

第五章 大学生思想政治教育内容的创新

第一节 大学生思想政治教育内容的基本原则

一、政治性原则

大学生思想政治教育明确体现在社会发展和人的发展的目标指向性或价值取向性，即鲜明的方向性。这种方向性在有阶级的社会集中表现为阶级性和先进性。

首先，思想政治教育内容是一种社会意识，在阶级社会里有阶级性，体现一定阶级的意识，反映一定阶级培养人的要求。因此，我国构建思想政治教育内容时，必须坚持马克思主义理论在各项内容中的指导地位，保证思想政治教育的社会主义性质，将无产阶级理论化的政治意识灌输于当代大学生头脑中，让大学生树立建设中国特色社会主义的共同理想和坚定信念，树立正确的世界观、人生观和价值观，促进大学生的全面发展。

其次，思想政治教育内容要具有先进性，包含现实性和超前性的实践活动。高校思想政治教育的作用是推动大学生抛弃不正确的思想观念，从而树立正确的思想观念。引导大学生思想观念的发展，对他们进行合乎规律的预测和指导，有助于他们沿着健康、向上的方向发展。这就要求高校思想政治教育内容的构建既要立足于当前社会的发展，又要和社会未来整体发展趋势相一致，走在社会实际生活的前面和大学生的发展前面，体现鲜明的先进性。并且将高校思想政治教育内容建立在最先进的思想理论基础之上，以先进的理论教育大学生，让大学生真正认清社会发展的方向，坚定理想信念。

二、科学性原则

科学性是指真理性、可靠性、合理性和有效性。思想政治教育就是摆事实、讲道理，循循善诱，以理服人，用理性和逻辑性的力量征服人，其有效性在很大程度上取决于受教育者对教育内容的接受，这也是思想政治教育内容的生命力之所在。高校思想政治教育要实现引导和规范大学生思想、行为的目的，实现自身目的的思想政治教育内容应具有真理性，必须建立在马克思历史唯物主义和辩证唯物主义基础上，符合马克思主义的基本原理，党的路线方针政策和客观实际。背离真理性原则，脱离社会发展的客观规律和要求，高校思想政治教育内容就失去了现实意义和生命力，大学生的思想坐标就会偏离正确的方向。

思想政治教育内容的有效性是思想政治教育科学化的重要体现。增强有效性是思想政治教育实践不断发展的重要动力之一。增强思想政治教育各个组成要素的有效性是增强其整体有效性的重要途径和必要前提。高校思想政治教育内容的有效性表现在所构建内容要有利于大学生身上引起预期的变化、形成预期的思想观念和行为。这就要求以内容的正确性和合理性为前提，充分重视内容的价值性和实用性，既能充分反映教育目标的要求，又能更深层面上解决学生关心的实际问题，真正体现思想政治教育的意义和作用。

三、系统性原则

所谓内容的系统性，一是指大学生思想政治教育内容是系统的而不是零碎的，它本身是严密完整的科学体系；二是指这些内容的实施并非三言两语、一朝一夕所能完成，而是一个精心组织、系统施教、长期持续的过程。系统的大学生思想政治教育内容要确保内容的整体性，突出内容的层次性，注重内容的发展性。

高校思想政治教育内容是由多方面的思想准则、行为规范有机结合形成的整体。其中每个方面又都是密切相关、相互作用、相互制约的，共同构成了一个开放的适应社会多方面需要的内容整体。表现在以下两方面：一是高校思想政治内容是由各方面内容组成的整体。如，既有理想信念教育、爱国主义教育、基本道德规范教育这样核心的、重要的、基础的教育，又有科技伦理、环境伦理、网络伦理的教育，还有创新意识、生态意识、全球意识培养这样的拓展性、日常性、多样性内容；既包括政治教育、思想教育这样的主导性教育，也包括道德教育、法纪教育、心理教育这样的基础性教育；既包括"应然"的教育内容，又包括"实然"的教育内容。二是高校思想政治教育内容具有整体协调的性质，丰富的内容之间不是简单的拼凑相加，而是在遵循教育规律的基础上，遵循社会发展要求，针对大学生思想实际，做到由浅入深、由外到内、主次清晰、重点突出、整体协调。从而使高校思想政治教育内容在整体上显示的功能，能够大于各个内容的简单相加。

高校思想政治教育中的任何一项内容都应该不是单一的一个层面，而是由深浅不同的多层次构成。处于不同阶段的大学生，由于年龄特征和思想品德发展水平的差异，所能接受的思想政治教育内容层次的广度、深度、强度都有所不同。在高校思想政治教育中，不同身心发展特点的高、中、低年级学生对内容的要求和选择不同，对同一内容的接受能力也有差异，并且其思想认识也是一个从低层次到高层次循序渐进的过程。因此，在内容的设置中，必须充分考虑大学生身心发展的阶段性，遵循思想品德发展规律，既有对普通学生的基础性要求，也有对先进分子高层次的要求；既有对低年级学生的要求，也有对高年级学生的要求。在实施思想政治教育内容时分层次、有重点、循序渐进，充分调动各部分学生的积极性，使各层次的学生都有进步。

思想政治教育内容应反映时代特点和精神风貌。高校思想政治教育内容在不同的时代条件、实践水平、科学发展的基础上，自身也需要变化发展。因此，在构建内容时，应根据形势发展的需要和理论建设的最新理论成果，及时有效的更新、增加内容。首先要及时增加马克思主义发展的最新成果。马克思理论教育是高校思想政治教育的重点内容，中国化的马克思主义正不断发展，要及时将最新的理论成果传授给大学生。其次要拓展、创新与时代发展相适应的高校思想政治教育内容，如，对经济全球化背景下的内容创新、面向知识经济时代的内容创新、构建和谐社会中的内容创新等都要大量吸收–

四、时代性原则

大学生思想政治教育的内容不是一成不变的，在不同的时代条件、实践水平和科学发展的基础上，内容也是有变化的。紧紧把握时代脉搏，不断赋予大学生思想政治教育以鲜明的时代特征、时代内容和时代风格，是其富有生机与活力的关键所在。当代大学生的思想政治教育内容体系的构建，要适应大学生社会生活实际，反映大学生思想特点。

思想政治教育内容要反映时代发展，适应社会需要，贴近生活实际，这是提高其有效性的必要条件。我国经济体制的变更，社会生活的急剧变化，要求大学生在思想上、道德上适应这种变化，把占主导地位的社会思想规范、道德准则内化为自己的信念和行为准则，成为行为选择的价值指针。对此，高校思想政治教育的内容需要不断适应社会发展形势，贴近我国改革开放和现代化建设的实际，努力使思想政治教育内容由远而近、由抽象变具体、由书本延伸到生活，更贴近社会生活。

思想政治教育内容是蕴含教育目的的载体，是教育者与教育对象的信息纽带，教育内容确立过程中应准确把握受教育者的思想特点和实际，以增强教育的有效性。我国改革开放、社会迅速发展和思想观念的急剧变化，带给当代大学生新旧思想观念的交锋，影响和造就了他们独特的思想道德特点。如，具有走向社会的过渡性、适应社会的继承性、改造社会的开拓性，抽象思维能力和分析能力初步形成，自我意识强烈，思想认识还有很大的可塑性等特点。确定思想政治教育的内容，就必须从大学生这些特点出发，认真开展调查研究，准确了解学生的思想动态，把握学生的脉搏，摸清学生中存在的疑点、热点和难点问题，循序渐进，逐步展开，才可能达到理想的教育效果。

第二节 大学生教育内容的创新

一、思想教育内容的创新

（一）新时期思想教育内容的新变化

思想教育是高校思想政治教育工作中的首要任务，它主要是进行世界观和方法论的教育，是为了解决人们的主观思想和客观实际相符合的问题。通过高校思想政治教育使人们能树立正确的世界观，正确地认识客观世界。现阶段我们要加强思想教育的关键是要运用马克思列宁主义、毛泽东思想和邓小平理论武装人们的头脑，巩固社会主义意识形态的主导地位。

在新的时代背景下，思想教育的内容在继承传统思想内容精华的基础上又有了新的变化。马克思主义的唯物论和辩证法是科学的世界观和方法论。这是我们认识和改造世界最为根本的武器，这在任何时候都是不能丢的。我们要广泛地宣传它的基本原理和基本观点，帮助和引导人们划清唯物论与唯心论、无神论与有神论、科学与迷信、文明与愚昧的界限，增强识别和抵制唯心主义，封建主义及各种伪科学的能力。

（二）思想教育内容的特点

新时期思想教育内容变化的特点：思想教育的内容要紧扣时代脉搏，具有鲜明的时代特征。我国的思想教育以马克思主义的世界观为主流意识形态。在认识和改造世界的过程中，坚持以辩证唯物主义与历史唯物主义为指导。思想教育是解决人的思想上的根本性问题的。思想教育的内容应具有与马克思主义理论同样的与时俱进的品质，具有鲜明的时代特征。坚持解放思想、实事求是、与时俱进、求真务实，坚持辩证唯物主义和历史唯物主义，紧密结合新的时代条件和实践要求，以全新的视野深化对共产党执政规律、社会主义建设规律、人类社会发展规律的认识，进行艰辛理论探索。

新时代背景下大学生思想政治教育创新研究取得重大理论创新成果，形成了新时代中国特色社会主义思想，为思想教育的内容增添了崭新的理论依据，思想教育内容必须与时代共运动，才有助于更好地坚持以马克思主义为指导。马克思主义诞生在 150 多年以前，它之所以能成为人们行动的指南是因为符合当时的实际情况，它是科学的。虽然当今世界已发生了巨大的变化，我们仍需坚持马克思主义为指导，理由是马克思主义不仅是符合客观实际的，而且是伴随着客观实际的发展而发展的，有着强大的生命力和广泛的影响力。我们应当坚持马克思主义，在指导思想上反对搞多元化。我们要做到"坚持"和"发展"相统一，一切从发展变化着的时代、形势和实际情况出发。这样的话，我们一些落后的，不合时宜的思想就会被清除。我们的思想就会从教条式的马克思主义中解脱出来。

二、政治教育内容的创新

（一）政治教育内容的新变化

1. 政治教育

政治教育主要是进行政治理想、政治信念、政治方向、政治立场、政治观点、政治情感等方面的教育，着重是解决对国家、阶级、社会制度等重点政治问题的立场和态度问题。加强爱国主义、集体主义、社会主义教育，增强人民对党、对祖国、对社会主义制度的政治认识和深厚感情，加强党的基本路线教育，全面理解"一个中心，两个基本点"之间的辩证关系，坚持正确的政治方向；要加强民主法制教育，使受教育者正确认识民主与法制的辩证关系，增强社会主义民主意识和法制观念。这是我国政治教育的传统内容。任何高校思想政治教育都是为了一定的社会阶级和集团的政治目的服务的，因而，在实施政治教育过程中，必须加强社会主义理想信念教育，同时在社会主义市场经济和法制日益成熟及完善的历史条件下，要加强民主法制教育，正确处理民主法制和市场经济之间的关系，同时要注重依法治国的理论研究和具体实践。在和平和发展的时代，在当今这个还没有稳定秩序的世界格局中，特别是在经济全球化浪潮影响下，政治意识越来越被人们所忽视，这表明我国在政治教育的任务更为艰巨。在新形势下，我们应在继承优良政治传统内容的基础上加上新的内容。

在我国坚持以政治教育为主导，就必须始终以理想信念教育为高校思想政治教育的核心内容。理想信念是人们所追求、所向往的目标，是人们政治立场和世界观的集中反映。

也是人们的精神支柱和力量源泉。崇高的理想信念会激发人们的热情，振奋人们的精神，鼓舞人们的斗志，帮助人们形成良好的道德情操。共产主义是我们的终极理想和信念，但共产主义的实现是一个长期的革命和建设过程，它需要经历若干个不同的发展阶段。建设有中国特色社会主义，是实现共产主义的一个阶段，就是把我国建设成为富强、民主、文明的社会主义现代化国家。

2. 民主法制教育

民主法制教育，是加强政治教育的一个极为重要的方面－习近平总书记提出坚持依法治国，首先是依宪治国；依法执政，关键是依宪执政。习近平总书记还强调坚持依法治国、依法执政、依法行政共同推进，坚持法治国家、法治政府、法治社会一体建设，等等。这些重要论断和思想，不仅继承和发展了马克思主义法学基本原理，而且坚持和体现了社会主义法治理论的精髓和要义，极大地推进了社会主义法治理论在新时期新阶段的不断创新发展。

3. 加强马克思主义人权观教育

加强马克思主义人权观教育，是政治教育的又一个重要组成部分。人权问题在国际政治斗争和国家关系中是一个十分敏感的问题，因此，在国际交流日益密切的条件下，我国的政治教育有必要加强马克思主义人权观教育。

我国关注人权问题是进行国际交往和国内改革和建设的需要。为了进一步扩大中国对外开放的政策，加强和改善中国与西方发达国家之间的联系以及扩大中国在国际社会上的影响，我们不得不对西方国家提出的"中国人权问题"作出反应。当然，我国对人权问题的认识，也是经过了一个长期的过程。首先，随着改革开放政策的实行和人民生活水平的提高，我国对人权的认识水平和保护人权的意识有了很大的提高，改革开放政策的实施使得人们的眼界开阔，认识事物的深度和广度不断增强；同时自我意识也不断增强，从保护个人人身权利、消费者权益以及贫困山区儿童的受教育权利都受到了人们的关注。自 20 世纪 90 年代以来，政府也非常重视人权知识的普及。其次，国内政治体制改革和依法治国战略的提出，使得人权日益成为人民和政府关注的焦点。

由于各国文化传统、政治结构和发展水平不尽相同，对人权观念的看法必然存在不一致性。我国对人权的观念是坚持马克思主义的人权观，承认人权是世界各国人民为之奋斗的共同理想，促进和保护人权是各国应尽的义务。

人权问题本质上是属于一国内部管辖的问题，尊重国家主权和不干涉内政是公认的国际法准则，适用于国际关系的一切领域，自然也适用于人权问题。对于发展中国家来说，人民的生存权和发展权是最基本的和头等重要的人权。人权问题若是离开了社会经济的发展，必定是空中楼阁，只有确保国家和社会的正义、秩序和稳定，才能保障国家的发展、所有公民的安居乐业和享受基本人权。人权不仅需要一个有力的国内发展环境，还需要一个有利的国际环境，当今世界不合理的国际经济秩序是阻碍发展中国家发展权的根本原因。强调个人权利和义务的统一。在西方国家里一般只偏重个人的权利，会导致权利和义务的偏离。人权发展是一个历史过程，其演变只能通过其内部的动力来完成。

（二）政治教育内容的特点

1. 充分发挥政治教育的经济功能

政治教育离不开经济，它是对经济基础的反映和表达。从经济这个角度推进政治教育内容的创新是我们努力的方向，我们要看到精神文明对物质文明建设的巨大推动作用。我们党历来重视"典型"对社会经济发展的重要作用，远的如雷锋、王进喜、焦裕禄，近的有徐洪刚、徐虎、李素丽等，他们在经济建设的各条战线上发挥了为人民服务的精神，弘扬社会主义精神文明，在我国形成一股股向他们学习的浪潮，无形中推动了社会经济的发展，净化了社会环境。

2. 政治教育内容的开放性和宽容性

政治教育在高校思想政治教育体系中居于主导地位，其内容包括多个方面，这些方面本身就是一个开放性的体系。首先，它是对内开放的。政治教育内容各个部分是互相吸收、互相借鉴的，从而达到协调统一。其次，它是对外开放的。当今世界是一个开放的世界，经济全球化浪潮把世界各国卷入其中。在高校思想政治教育方面，想堵住西方政治思想的介入是不可能的。这就要求我们在与西方思潮的竞争中使政治教育的内容更具有开放性，在这场竞争中取得胜利。在政治发展过程中，政治教育的内容逐渐淡化以往鲜明的阶级性，政治民主化不断得到加强，在开放的体系中，政治教育的内容变得日益温和、宽容。这是当今政治教育内容的新特点。

三、道德教育内容的创新

（一）道德教育内容的新变化

道德教育主要是进行行为规范的教育，内化道德规范，形成道德观念，发展道德判断，培养道德情感，养成道德行为，提高道德素质。因此，要加强以为人民服务为核心，以集体主义为原则的社会主义道德教育，使人们树立与社会主义市场经济相适应的道德观念和道德行为，克服资产阶级腐朽的拜金主义、享乐主义、极端个人主义的错误观念的影响。道德教育的实质是养成教育，所以，进行道德教育的重点不是认知道德规范，而是内化道德规范，提高道德自律力。在现阶段，道德教育在原有内容基础上应建立适应市场经济的道德观念，如注重加强职业道德教育，构建诚信的社会环境；市场经济条件下如何正确处理效率和公平，个人和集体的关系。建立与现代科学发展相适应的伦理规范，如加强网络道德建设和生态伦理道德建设，开辟道德建设的新领域。

经济生活的变化改变着人们的思想观念和道德观念，道德教育的内容对传统道德进行了改造，同时又给它注入了新的规范。随着现代社会分工的发展和专业化程度的增强，市场竞争日趋激烈，整个社会对从业人员职业观念、职业态度、职业纪律和职业作风的要求越来越高，因此，在职业道德原有的基础上要大力倡导以爱岗敬业、诚实守信为主要内容的职业道德教育。诚信问题日益变成我国经济发展和社会进步的"瓶颈"和广大人民群众谈论的焦点，因此这里主要论述这个问题。所谓诚信，即诚实、诚恳、信用、信任。它包括两层含义：一是要以信用取信于人；二是对他人要给予信任。只有忠诚老实，诚恳待人，才会取得信任；只有讲信用，你才会有信誉。民无信而不立，做人，首先是要诚实。诚实守信，是为人处世的基本准则，也是中华民族的传统道德。在社会主义市场经济条件下，人们的道德意识和道德观念的多样性，不同层次社会成员道德水准的差异性，特别是受利益驱使，尔虞我诈、弄虚作假等问题，表明坚持以诚信为本在加强公民道德建设中就显得尤为重要。是否诚实守信，不仅反映了一个人的思想品质和道德水平，反映了一个团体的信用程度，更重要的是它影响到一个人的前途和发展。一个表里不一、言而无信的人，可能蒙混过关乃至一时得势，但绝不会长久，到头来还是让虚伪害了自己。所谓的老实人不吃亏，讲的就是这个道理。在现实生活中，对于爱国守法等道德规范，一般来说，大多数人都能自觉做到，但对于明礼诚信，特别是诚信，恐怕就、不能够完全达到这一要求。因此，加强公民道德建设，要紧紧抓住"诚信"这个重点，不断夯实公民道德的信誉基础。历史证明，不讲信誉的人是没有前途的人，不讲信誉的社会是混乱的社会，不讲信誉的国家是没有希望的国家。诚信原则，体现了加强公民道德建设的本质要求，必须贯穿于公民道德建设的全部内容和整个进程。

（二）道德教育内容变化的特点

社会道德的个体化是道德教育的一个鲜明的特点–在我国几十年的道德教育中，我们常常接收到的是集体主义道德、社会主义和共产主义道德等内容，而很少强调职业道德、公民道德等个体道德的内容，忽视了公民素质的培养和提高。随着我国由计划经济体制向社会主义市场经济体制的转变，经济活动由统一的围绕着一个目标行动转变为分散的、个体的活动。个体在经济中的重要性不断得到加强。与经济基础的变化相适应，在道德建设的过程中，大力提倡公民道德建设，开展职业道德教育，呼唤人与人交往之间的诚信守诺，平等待人。道德教育的内容经历了从社会的整体道德向个体道德的转化。只要每个公民自觉遵守公民道德，严格要求自己，我们的社会道德、社会环境都将取得极大地改善。社会道德的个体化是道德教育发展的基本规律。道德教育过程就是把社会道德内化、规范化，使个体养成道德意识，自觉遵守道德规范。

道德内容调节的范围从只注重调节人与人的关系到既调节人与人的关系又调节人与自然的关系，这种转化也是道德教育的一大特点。我国传统伦理道德认为，道德处理的是人与人之间的关系。只有人及人们相互之间的行为才可以称为道德或不道德，与物无关，人们滥伐森林、涸泽而渔等破坏自然环境的行为都不能称为不道德行为。近代以来的道德教育冲破了传统的禁区，人与物的关系也被纳入了道德范围，"敬畏生命"成为人类的道德共识，所以道德教育的内容经历了一个从人与人的关系向人与物的关系扩展的过程，使得道德教育的内容不断扩大，我们现在说的生态道德、网络道德等道德研究的新课题向我们昭示了研究人与物的关系的重要性。思想政治工作者们也要适应新形势、新变化'不断扩大自己的知识面，使思想政治工作不断深入，并在这个过程中找到自己的坚实基础，不断寻求新的理论生长点。

四、心理教育内容的创新

（一）心理教育内容的新变化

首先，要深化体制改革，加强法制建设。完善的体制能在深层次上制约和引导科学的消费，体制的漏洞或不健全会成为消费行为扭曲的重要基础。我们现阶段经济体制改革的某些方面是当前消费行为扭曲的重要深层原因。加强法制对于建设文明健康的生活方式也很重要。腐败现象动摇了一些人的信心和信仰，淫秽制品严重侵蚀人们的心灵，邪教和迷信蛊惑人心，控制人们行为。只有彰善瘅恶，以正压邪，才能推进文明健康生活方式建设。

其次，加强社会主义生活观念的教育和指导。人们的生活观念是生活实践的反映，反之又影响着生活实践。正确的观念能够把生活主题引导到科学向上的轨道，反之则会使人误入歧途。当前，我们应加强社会主义生活观念的宣传教育，使人们树立正确的生活观念。

最后，采取各种措施，加强组织领导和引导。要强化道德教育机制。道德是维系正常社会生活的基本手段，社会生活中出现这样或那样的紊乱，与一些人心目中伦理道德观念缺乏密切相关。因此，必须花大力气开展全民道德素质强化工程，把社会主义伦理道德的基本原则具体化、操作化，完善人格，使之成为人们的内在素质，达到"百姓日用而不觉"的程度。一是要培养和树立示范群体，如，通过"五好家庭""文明街道""典型个人"的先进示范作用，为社会做出表率，促进文明健康生活方式的形成。特别是各级领导干部，应率先垂范，廉洁自律，为公众树立可资效仿的榜样。二是要进一步开展文化下乡活动。我国农村生产力水平不高，农民科学文化素质普遍偏低，文盲、半文盲比重较大，一些地方缺少丰富、健康的文化生活，落后愚昧的东西滋长蔓延，影响了农村社会风气。当前，各地组织的文化下乡活动，对于用丰富多彩、健康向上的文化占领农村阵地，引导农民解放思想，更新观念，改善农村社会风气起了重要的作用。三是要开展文明社区建设。社区是城市居民聚集，生活的地方，也是社会成员参与社会活动的场所。目前，随着流动人口的增加，人们的社区意识趋于淡化，社区生活程序受到破坏。因此，需要通过建章建制，加强日常规范管理，使社区居民遵纪守法，自我约束；开展文明健康的文化活动，丰富群众精神生活；创造条件，沟通社区成员之间的交流，融洽邻里关系，等等。通过这些措施使城市居民形成良好的道德风尚和心理素质，以及科学、文明、健康的生活方式。

（二）心理教育内容变化的特点

心理教育内容有更强的针对性、指向性。心理教育主要是解决和提高受教育者的心理承受能力，心理防御能力，引导人们能通过正确的渠道去发泄心中的不良情绪。在传统的思想教育中，往往只注重从思想上解决大是大非的问题，忽略了受教育者的心理问题，即使在处理心理问题时也往往"一刀切""一般粗"，用一般意识形态压制个人内心的种种心理活动，甚至达到狠批某某一闪念的地步，针对性、指向性不强，往往难以使受教育者心服口服，使得高校思想政治教育的成本越来越高，监督越来越难，不能真正规范内化。要改变这种状况，就要因材施教、因势利导，针对各种受教育者的不同心理进行不同的疏导，这要求思想政治工作者本身知识面不断扩大，特别是心理教育的内容不断扩大。

心理教育内容变化第二个特点就是向纵深扩展，向外蔓延。在改革开放和社会主义市场经济条件下，一方面工作生活节奏不断加快，西方先进的经济管理经验不断引入，西方优裕的生活方式也吸引了大批人的目光，而在原有体制和意识形态禁锢下脱身而出的人们展开了一场追逐财富的赛跑，这对人们的心理产生了相当大的压力。另一方面，在社会主义市场经济中，经营主体是个人，组织松散，缺少一种安全感，所以人的心理特别脆弱，尤其在长期实行计划经济体制下，人们非常容易产生对过去的眷恋之情。在社会现实生活的压力下造成大量心理问题，需要心理教育的内容不断充实，范围不断扩大。

第三节 大学生思想政治教育内容优化组合的策略

一、以思想教育为指导

思想教育是进行世界观、方法论的教育，是提高受教育者认识世界、改造世界的能力和树立科学人生观，价值观的教育，只有树立正确的世界观、方法论，才能开展进一步的政治、道德和心理教育，因此，思想教育在整个高校思想政治教育的内容体系中处于指导地位，是进行政治教育、道德教育、心理教育的必要条件，也是先决条件。

以思想教育为指导，是因为随着国际国内形势的不断变化发展，使人们的思想活动出现了新特点。当前，我国加入WTO和实行全方位、立体式改革开放，我国与世界各国的经济、文化、政治等方面的联系和交流都将更为紧密和深入，人们的思想活动由此受到更大地影响和冲击，尤其对一些传统观念的认同上产生了怀疑和动摇。首先，现阶段由于我国的市场经济体制处于进一步完善过程中，经济成分和经济利益的日益多样化，竞争日益激烈，收入差距相对拉大，造成了人们思想活动的多元性。这种多元性表现为既有各种积极向上的、正确的、先进的和新生的思想观念，又有各种因循守旧的、僵化的、错误的拜金主义、享乐主义等落后的思想观念。其次，由于多种经济成分的共同发展，尤其加入WTO后，社会为人民提供了更多的就业岗位和机会，因此人们的就业形式和就业岗位也日益多样化。与此同时，人们在计划经济时代那种一次就业即"终身职业"的概念也受到了猛烈冲击，人们必须面临激烈的工作岗位竞争，由此促进了人们商品意识、竞争意识的培育，人们的思想活动呈现出由封闭性走向开放性、由依赖性转向独立性、由被动性转向自主性的转变。最后，社会实践方式和生活方式的多样化，使人们的思想活动呈现多变性。当今世界，科学技术发展一日千里，大大促进了社会经济的进步和发展，在生产力得到进一步发展的同时，人们的社会实践活动方式也发生了深刻变化，人们的生活方式日益朝着自主化、快速化、个性化等方向发展。

以思想教育为指导，是由于国际环境的复杂性和国际政治斗争的尖锐性。全球化使东西方思想文化的交流进入了空前的繁荣阶段，人们的各种价值观念、思维方式、生活方式相互碰撞、融合。尤其在互联网高度发达的现代社会，人们可以轻松地在网上获取和传播信息。人们的思想面临前所未有的选择性，是选择接受新生的、向上的思想还是腐朽的、落后的思想，是接受马克思主义还是接受非马克思主义的东西，都是开展思想教育所急需解决的问题，也是思想教育内容的重点。

以思想教育为指导就是要进一步用邓小平理论武装全党、教育群众，不断进行马克思主义唯物论和无神论教育，使人们掌握科学思想和科学方法，树立正确的世界观、人生观和价值观，提高人们认识世界、改造世界的能力和信心。

二、以政治教育为核心

政治教育是进行政治理想、政治信念、政治方向、政治立场、政治观点、政治情感、政治纪律等方面的教育，政治教育决定着高校思想政治教育、道德教育、心理教育的性质、方向、内容和效果，因此在整个高校思想政治教育内容体系中处于核心地位。

以政治教育为核心，是正确认识国际共产主义运动低潮的迫切需要。在社会主义实践中，20世纪80年代末90年代初国际共产主义运动遭受到严重挫折，使国际共产主义运动处于低潮，这使一些人对社会主义制度的优越性发生了怀疑，不仅影响到了一般群众的社会主义和共产主义信念，而且影响到一些共产党人，包括一些高级领导干部，对社会主义和共产主义的追求。坚定理想信念，防止信仰危机，是我国当前急需解决的重大问题，它关系和影响着社会主义事业的前途和命运。

以政治教育为核心，也是解决现阶段改革中出现的实际困难、矛盾的需要。在改革不断深入的同时，近年来一些党政机关、国有企业的领导干部贪污腐败、违法乱纪现象屡有发生，少数党员干部，经不住市场经济大潮的冲击和西方社会思潮、生活方式的侵蚀，理想信念发生动摇，道德标准模糊，是非界限不清，以权谋私，滥用职权，损害了国家和人民群众的利益；同时，严重损害了党和政府的声誉，使部分群众和党员干部对社会主义事业丧失了热情。而由于经济结构调整和就业竞争，大量的下岗待业和越来越大的贫富差距，使一些人面对挫折时出现了理想信念的崩溃，各种消极思想、悲观失望情绪蔓延开来－这就使政治教育成为紧迫的现实需要，要时时加强政治教育，进一步加大党的基本路线和基本纲领的宣传力度，让广大人民群众明确认识社会发展的客观规律和历史发展的必然趋势，坚定正确的政治立场、政治方向，解决好"信仰、信念、信任、信心"问题，把理想信念建立在科学的基础上，从而激发人民群众建设社会主义的主动性和创造性；同时，大力开展马克思主义唯物论和无神论教育，大力普及科学知识，指导人们正确对待挫折和失败，在复杂环境中不动摇、不迷向，始终沿着社会主义、共产主义方向前进。

三、以道德教育为重点

道德教育是进行行为规范的教育，当前在社会主义市场经济条件下，由于各方利益冲突的频繁和尖锐，造成道德问题的日益突出，道德教育越来越重要，因此道德教育是高校思想政治教育内容的重点。

以道德教育为重点，是解决当前社会存在的道德问题的需要。改革开放和社会主义现代化建设，在促进社会生产力飞速发展的同时，也对人们的生产生活带来了深刻影响。在对外开放过程中，资产阶级文化、生活方式、价值观念乘虚而入，对人民群众的生活方式、价值观念、道德传统都形成了强烈的冲击：从计划经济体制向市场经济体制的转轨过程中，利益格局发生了变化，社会矛盾复杂多样，导致"道德滑坡"和"道德失范"。在新旧体制的转换过程中，少数党员干部的贪污腐败造成了相当恶劣的影响，一系列改革措施的出台，如，养老保险改革、医疗保险改革、住房制度改革等的出台，使大量的下岗待业人员及社会困难群体在心理上遭到了挫折，在社会公德、职业道德、家庭伦理等方面，出现了不容忽视的问题。诚信意识缺失，极端个人主义、实用主义抬头，社会责任感和正义感有所淡化，人际关系冷漠，团结互助精神有所丧失，而一些部门和行业的不正之风有所蔓延。道德问题已经成为当今社会普遍关心的热点问题，也是精神文明建设的重点问题。

以道德教育为重点，是完善社会主义道德的需要，建立和完善适应我国社会发展的道德规范体系，为我国社会主义现代化建设的发展创造良好的道德环境，对推动我国社会的进步和国家的长治久安具有重要作用。我国是社会主义国家，理所当然地要把社会主义道德规范体系作为社会的主旋律，这里既要把握好为人民服务、集体主义精神和"五爱"精神等核心内容和基本原则在社会主义道德规范体系中的核心地位和作用，也要注意面向社会主义市场经济，坚持"三个有利于"的根本标准，加强道德教育，一方面要着力培养竞争意识、法制意识、效益观念、创新观念，平等观念和权利义务观念等的形成；另一方面也要重视"道德滑坡"中突出的如唯利是图、金钱至上等现象。

四、以心理教育为基础

心理教育是提高受教育者心理素质的教育，使受教育者形成良好的个性、健全的人格、健康的情感，在高校思想政治教育内容中处于基础地位，是开展上述三项教育的基础。

以心理教育为基础，在于各种社会因素的要求。一方面由于市场经济引入了竞争机制，为人们充分发挥能力，展开平等竞争提供了可能，但是这种竞争随着改革开放的深入呈现更加猛烈的趋势，这些社会现实激发了人们的自我意识，开始注重现实，讲求实效，互相间展开平等竞争，但是，这对很多在计划经济体制下成长和生活了很久的人们来说是巨大的挑战。如，取消福利分房制度、实行竞争上岗、改革社会保障制度等一系列改革措施的实行使一部分人受到挫折，从而产生了消极的心理。同时，社会上一些个人至上、金钱至上、享乐至上的价值取向也影响了一部分人，使他们的价值取向趋向功利化和实用化，社会人群普遍感到心理压力增大，产生了诸如焦虑，浮躁、危机感等心理困扰。

积极的心理素质培养就是要通过各种方式对人们进行心理健康教育和指导，帮助人们提高心理素质，健全人格，增强承受挫折、适应环境的能力。健康的心理是一个人正常学习生活的基础，一个心理健康的人，能正确地认识和处理周围环境和现实中的各种问题、困难和矛盾。高校思想政治教育中注重心理素质的培养，主要是指个性的心理倾向的纠正和层次度的提高，包括性格与气质的类型和特征、情绪与情感的倾向、兴趣与意志的倾向和力度等个性心理特征的培养与提高。培养良好的意志品质，是一个复杂的、十分细致的、长期的过程。坚定高尚的理想和信念的教育，是培养良好意志品质的主要前提；发展健康的情绪和情感，是培养良好意志品质的心理基础；更重要的是，要引导人们在经常性地克服困难中锻炼自己的意志。人格健全、心理健康是人们接受正确价值观念、形成科学的共产主义信仰信念的基础。

　　总之，我们在对高校思想政治教育内容进行优化组合时，要时刻注意贯彻以思想教育为指导，心理教育为基础，道德教育为重点，政治教育为核心的原则。

第六章 大学生思想政治教育队伍建设创新

第一节 大学生思想政治教育队伍的内涵

一、大学生思想政治教育队伍的构成

大学生思想政治工作队伍是由高校、兼职人员共同组成。高校人员主要来源于本校教师和干部，兼职人员主要通过组织动员一些教师、高年级大学生、研究生来担任。专兼结合的大学生思想政治教育队伍基本结构，是我国高校思想政治教育队伍建设的优良传统，这一队伍建设的思路和格局在新中国成立初期进行初步探索，在20世纪80年代中期已经形成。高等学校学生思想政治工作人员包括高校人员和兼职人员。高校学生思想政治工作人员系学校高校从事和负责学生思想政治教育工作人员，包括学校分管学生思想政治教育工作的党委副书记，学生工作部（处）从事学生思想政治教育工作人员，院（系）党总支负责学生思想政治教育工作的副书记、团总支书记，学生政治辅导员等。高校学生思想政治工作人员应该承担'两课'或其他课程的教学及相关科研工作。兼职学生思想政治工作人员，是指从教师和品学兼优的党员研究生、高年级大学生中选拔配备的半脱产学生班主任、导师或学生政治辅导员。可见，高校思想政治教育工作者还应当承担"两课"或其他课程教学及相关工作，高年级的大学生、研究生在当时也是思想政治教育兼职队伍成员的一部分，这是现在的队伍中没有的。

大学生思想政治教育工作队伍主体是学校党政干部和共青团干部，思想政治理论课和哲学社会科学课教师，辅导员和班主任。学校党政干部和共青团干部负责学生思想政治教育的组织、协调、实施；思想政治理论和哲学社

会科学课教师根据学科和课程的内容、特点，负责对学生进行思想理论教育、思想品德教育和人文素质教育；辅导员和班主任是大学生思想政治教育的骨干力量，辅导员按照党委的部署有针对性地开展思想政治教育活动，班主任负有在思想、学习和生活等方面指导学生的职责。

学校党政干部和共青团干部是大学生思想政治教育的领导者和管理队伍。高等学校实行党委领导下的校长负责制，党委统一领导大学生思想政治教育，对学生思想状况和思想政治教育工作状况进行分析，制订总体规划，进行全面部署和安排。校长对大学生德智体美全面发展负责，统筹思想政治教育与教学、科研、社会实践的关系，对思想政治教育工作进行检查评估。学校党政领导干部包括高校从事和负责大学生思想政治教育的干部，也包括学校各级党政领导和各级职能部门干部。高校从事和负责大学生思想政治教育的干部包括学校分管大学生思想政治教育工作的党委副书记，学生工作部（处）从事大学生思想政治工作的干部，院（系）党委（总支）负责大学生思想政治教育的副书记和学校各级共青团干部。党政干部和共青团干部是对大学生思想政治教育进行宏观上的规划、组织和协调，以保证大学生思想政治教育的正确方向。

高校思想政治理论课教师承担着对大学生进行系统的马克思主义理论教育的任务，是马克思主义理论和党的路线、方针、政策的宣讲者，社会主义意识形态和精神文明的传播者，要不断提高马克思主义理论素养，提高科研能力和教学水平，做坚定的马克思主义者，做教书育人的表率。充分发挥思想政治理论课教师的作用，深入推进马克思主义中国化的最新成果进教材、进课堂、进头脑工作，帮助大学生树立正确的世界观、人生观和价值观，对于培养和造就德智体美全面发展的社会主义合格建设者和可靠接班人具有重要作用。高校哲学社会科学教师是学科的建设者和课程的实施者，是教学科研的组织者和管理者，也是校园文化的营造者和建设者，提高他们的素质对大学生的健康成长，对坚持和巩固马克思主义在意识形态领域指导地位，建立具有中国特色、中国风格、中国气派的哲学社会科学体系至关重要。

辅导员和班主任是高等学校教师队伍的重要组成部分，是高等学校从事德育工作、开展大学生思想政治教育的骨干力量，也是大学生健康成长的指导者和引路人。加强辅导员和班主任队伍建设，是加强和改进大学生思想政治教育及维护高校稳定的重要组织保证和长效机制，对于全面贯彻党的教育方针，把大学生思想政治教育的各项任务落到实处，具有十分重要的意义。要从战略和全局的高度，充分认识新形势下加强辅导员和班主任队伍建设的特殊重要性和紧迫性。

广大教职员工都负有对大学生进行思想政治教育的重要责任。要制定完善有关规定和政策，明确职责任务和考核办法，形成教书育人、管理育人、服务育人的良好氛围和工作格局。教师要提高师德和业务水平，爱岗敬业，教书育人，为人师表，以良好的思想政治素质和道德风范影响和教育学生。学校管理工作要体现育人导向，把严格日常管理与引导大学生遵纪守法、养成良好行为习惯结合起来。后勤服务人员要努力搞好后勤保障工作，为大学生办实事办好事，使大学生在优质服务中受到感染和教育。

二、大学生思想政治教育队伍的特点

大学生思想政治教育队伍建设旨在加强和改进大学生思想政治教育，具有明确的目的性、较强的综合性、突出的专业性和深刻的实践性等特点。

（一）明确的目的性

作为承担大学生思想政治教育主要力量的大学生思想政治教育队伍，其队伍建设的主要目的就是要促进大学生思想政治水平的提高，培养德育为先、德智体美全面发展的中国特色社会主义事业的合格建设者和可靠接班人。大学生思想政治教育队伍建设紧紧围绕这一目的展开，只有通过队伍建设，才能切实提高队伍成员的素质、能力和工作效率，更有效地教育和影响大学生，解决部分大学生中存在政治信仰迷茫、理想信念模糊、价值取向扭曲、诚信意识薄弱、社会责任感缺乏、艰苦奋斗精神淡化、团结协作观念较差、心理素质欠佳等问题，从而提升大学生的政治素养、思想水平和心理素质，促进大学生全面发展，为中国特色社会主义事业培养坚实的后备力量。

（二）较强的综合性

就大学生思想政治教育三支队伍，即学校党政干部和共青团干部、思想政治教育理论课教师和哲学社会科学课教师、辅导员和班主任来说，开展大学生思想政治教育工作，任何一支队伍单兵作战都是不科学的，不能达到思想政治教育的综合效果。因此，大学生思想政治教育队伍建设的综合性首先就是指三支主体队伍职能的综合性。在队伍建设的过程中，要充分考虑到各队伍的优势和不足，进行资源合理优化配置，促进三支队伍相互配合、相互作用，形成大学生思想政治教育的强大合力 – 此外，大学生思想政治教育队伍建设的综合性表现在队伍建设所依托学科理论的综合性上。队伍建设要在马克思主义指导下以思想政治教育为核心学科依托，但是仅仅掌握思想政治教育学科的理论是远远不能适应大学生思想政治教育的发展和需要的，这就要求综合其他相关学科，例如，教育学、心理学、政治学、社会学、伦理学、管理学、组织行为学的相关理论，综合进行。

（三）突出的专业性

大学生思想政治教育队伍建设的专业性主要表现在队伍成员的政治素养和角色定位方面。一方面，队伍成员具有较高的政治素养。高校思想政治教育队伍承担着宣传马克思主义理论和党的路线方针政策，传播社会主义意识形态和精神文明，用马克思主义中国化的最新理论成果武装大学生、用优秀文化培育大学生的主要任务。这就要求他们必须具有坚定正确的政治方向，必须有坚定的理想信念。思想政治理论课新任教师原则上应是中国共产党党员，在事关政治原则、政治立场和政治方向问题上不能与党中央保持一致的，不得从事思想政治理论课教学。另一方面，队伍成员具有明确的角色定位。三支主体队伍中，学校党政干部和共青团干部是负责领导、组织、协调的宏观把握工作的；思想政治理论课教师和哲学社会科学课教师是负责对基本理论、知识的传递和培养的，是一种显性教育；而辅导员和班主任主要负责日常的思想政治教育工作，在对学生活动的组织中、生活的关怀中、就业的指导中展开工作，产生一种潜移默化地影响。明确角色定位，才能明确工作职责范围，做到术业有专攻。

（四）深刻的实践性

实践的观点是马克思主义首要的和基本的观点，实践是认识的基础，是认识的来源，实践是检验认识正确与否的唯一标准。大学生思想政治教育队伍建设是在深刻的实践基础上进行的活动。首先，队伍建设来源于实践。正是由于大学生思想政治教育实践的不断发展，与之相适应才产生了大学生思想政治教育队伍建设。其次，队伍建设服务于实践。大学生思想政治教育队伍建设的直接目的就是更好地服务于大学生思想政治教育的实践，从而增强教育的实效性，切实提高大学生的思想政治水平。再次，队伍建设接受实践的检验。大学生思想政治教育队伍理论建设的成效如何，不是由队伍成员主观来评判的，最终还是要由思想政治教育的实践来检验。最后，大学生思想政治教育队伍活动本身就是一种实践。党政团干部的决策实施工作是实践，思想政治理论和哲学社会科学课教师的教学活动也是实践，而辅导员和班主任作为日常思想政治教育的骨干，经常与学生沟通交流，开展各类活动，他们的工作更是一种实践。

三、大学生思想政治教育队伍建设的基本内容

大学生思想政治教育队伍是大学生思想政治教育工作的主体，是加强和改进大学生思想政治教育的组织保证和人力基础。应该从思想、组织、业务、作风和制度等方面对其进行系统建设。

（一）思想建设

大学生思想政治教育队伍思想素质的水平影响大学生思想政治教育的实际效果。其思想建设的重点是坚持科学的指导思想，加强理论学习和社会实践，通过外部灌输和自我修养，提升思想水平。坚持以中国特色社会主义理论为指导，坚定中国特色社会主义制度自信、道路自信和理论自信，坚定社会主义办学方向，坚决拥护中国共产党的领导，坚持以人为本，在工作中做到"育人为本，德育为先"。

（二）组织建设

组织机构健全、配备人员充足、结构合理的队伍是做好工作的基础和前提。大学生思想政治教育队伍组织建设要按照高校为主、专兼结合、数量充足、相对稳定、合理流动、团结高效的原则，做好各类人员的选聘、培养和管理工作，对人才资源进行合理有效的配置，充分发挥党政干部和共青团干部的

组织、协调和领导作用，保证大学生思想政治教育队伍后继有人，保持队伍的延续性。

（三）业务建设

业务素质是思想政治教育者有效开展思想政治教育工作的基本条件。这支队伍是否具备精湛的业务能力，是高校思想政治教育能否有效开展的关键因素。业务建设主要是要加强对队伍成员的培养培训，采用脱产学习、岗位轮换、出国学习考察、挂职锻炼、参加社会实践活动等形式，切实提高队伍成员的实际水平和工作能力，提高他们的语言表达能力、处理危机能力、随机应变能力、教学科研能力等。

（四）作风建设

大学生思想政治教育队伍要坚持解放思想、实事求是、理论联系实际，本着贴近实际、贴近生活、贴近学生的原则，经过有组织的教育、培养、锻炼、管理和加强自身的修养，使整个大学生思想政治教育队伍在日常的工作、学习和生活中，形成正确的思想作风、积极向上的学风、扎实的工作作风和良好的生活作风。

（五）制度建设

制度建设是带有根本性、全局性、稳定性和长期性的问题，要制定和完善适应大学生思想政治教育队伍建设和发展的各项法律法规、方针政策和规章制度体系，全面规范和指导大学生思想政治教育队伍建设工作，使大学生思想政治教育队伍的选拔、培训、管理、激励和保障等建设工作，有法可依、有章可循，形成长效机制，实现大学生思想政治教育队伍建设工作的制度化、规范化和科学化。

第二节　大学生思想政治教育队伍建设的现状

近年来，党和国家高度重视大学生思想政治教育队伍建设工作，从队伍构成、定位、分工、政策保障及培养培训等方面探索创新队伍建设的新格局，推动了大学生思想政治教育队伍建设的稳步发展。

一、明确了队伍的构成、定位和分工

学校党政干部和共青团干部，思想政治理论课和哲学社会科学课教师，辅导员和班主任是大学思想政治教育队伍的主体。该文件还明确规定了三部分主体的具体分工：学校党政干部和共青团干部负责学生思想政治教育的组织、协调、实施；高等学校党委要统一领导大学生思想政治教育工作，经常分析大学生思想状况和思想政治教育工作状况，制订思想政治教育的总体规划，对学生思想政治教育工作进行全面部署和安排；校长要对大学生德智体美全面发展负责，把思想政治教育与教学科研社会服务工作结合起来，同时部署、同时检查、同时评估；学校各部门要明确各自职责，密切协作，切实完成相应任务；学校基层党团组织要认真履行学生思想政治教育职责，把加强和改进大学生思想政治教育工作落到实处。这些规定使高校党政干部和共青团干部在大学生思想政治教育工作中的定位更加清晰、职责更加明确。

高等学校思想政治理论课教师是马克思主义理论和党的路线方针政策的宣讲者，社会主义意识形态和精神文明的传播者，要不断提高马克思主义理论素养，提高科研能力和教学水平，做坚定的马克思主义者，做教书育人的表率，做大学生健康成长的指导者和引路人。该文件还明确指出高等学校哲学社会科学课负有思想政治教育的重要职责，并第一次把哲学社会科学课教师和思想政治理论课教师一起纳入大学生思想政治教育队伍主体建设之中，要求他们根据学科和课程的内容、特点，负责对学生进行思想理论教育、思想品德教育和人文素质教育。思想政治理论课教师是高等学校教师队伍的一支重要力量，是党的理论、路线、方针、政策的宣讲者，是大学生健康成长的指导者和引路人。思想政治理论课教师必须坚持正确的政治方向，热爱马克思主义理论教育事业，具有良好的思想品德，有扎实的马克思主义理论基础和相应的教学水平、科研能力。新任教师原则上应是中国共产党党员，具备相关专业硕士以上学位，工作期间应兼职从事班主任或辅导员工作。在事关政治原则、政治立场和政治方向问题上不能与党中央保持一致的，不得从事思想政治理论课教学工作。对思想政治理论课教师的定位，从 20 世纪 80 年代"是塑造学生思想灵魂的工程师，是宣传科学共产主义的战士"发展为"党的理论、路线、方针、政策的宣讲者，大学生健康成长的指导者和引路人"，对其角色定位更加准确全面。目前，高校思想政治理论课教师队伍教师准入资格的高要求，如必须具有硕士学位，必须是共产党员等条件的要求，表明高校思想政治理论课教师队伍素质要求越来越严格的趋势。而将哲学社会科学队伍纳入大学生思想政治教育主体，不仅扩大了队伍，充实了力量，也进一步提升了高校思想政治教育队伍的层次和水平。

辅导员和班主任是大学生思想政治教育队伍的主体，是大学生思想政治教育的骨干力量。辅导员按照党委的部署有针对性地开展思想政治教育活动，班主任负有在思想、学习和生活等方面指导学生的职责。辅导员是高等学校教师队伍和管理队伍的重要组成部分，具有教师和干部的双重身份；辅导员是开展大学生思想政治教育的骨干力量，是大学生思想政治教育和管理工作的组织者、实施者和指导者；辅导员应该努力成为大学生的人生导师和健康成长的知心朋友，并从思想政治教育、道德品质培养、助学帮困、就业指导、校园稳定等八个方面规定了辅导员的工作职责。辅导员和班主任的角色定位，不仅适应了大学生全面发展的要求，也有利于提高辅导员班主任的社会地位，树立良好的职业形象，增强其职业归属感和事业成就感。

总之，大学生思想政治教育队伍的构成、定位和分工的明确，为队伍建设的科学化和有序化奠定了基础。

二、完善了队伍建设的政策保障

保持思想政治教育队伍的稳定和发展，需要明确政策，落实待遇。各高校要按师生比按照相关规定比例设置本、专科一线高校辅导员，每个系的每个年级设高校辅导员；每个班级都要配备一名兼职班主任。职称和待遇方面，除了继续完善思想政治教育队伍的专业职务系列外，还要将辅导员和班主任的岗位津贴等纳入学校内部分配体系统筹考虑，确保辅导员和班主任的实际收入与本校专任教师的平均收入水平相当。对辅导员实行"双重管理"，保证辅导员"双线晋升"，可按照助教、讲师、副教授、教授评聘思想政治教育学科或其他相关学科的专业技术职务。辅导员作为后备干部，还可以被选拔、调派从事校内的管理工作或者被推荐至地方组织部门。

近年来，党中央高度重视繁荣和发展哲学社会科学工作，加强思想政治理论课教师队伍建设工作，使这支主体队伍建设也取得了长足的发展。

三、加强了队伍的培训

近年来，国家通过全员培训、骨干研修、在职攻读学位、国内考察、国外研修、以项目选人和选人给项目等多种途径进行思想政治理论课教师的培训，建设一支"让党放心、让学生满意"的高校思想政治理论课教师队伍。努力造就数百名政治坚定、理论功底扎实、善于联系实际、具有较高教学水平和科研能力的领军人物、中青年学术带头人；培养数千名思想政治理论素质高、业务精湛、具有发展潜力的教学一线骨干教师，建设数万名坚持正确方向、师德高尚、业务熟练、结构合理的专业化教师队伍，为加强和改进大学生思想政治教育，培养德智体美全面发展的中国特色社会主义事业合格建设者和可靠接班人做出贡献。思想政治理论课教师培训的主要路径有。

（一）骨干研修计划

以中宣部、教育部名义每年联合举办高校思想政治理论课骨干教师研修班，分别面向本专科和研究生层次的思想政治理论课骨干教师，并开展培训方案研究、培训核心课程建设。

（二）攻读博士项目

启动高校思想政治理论课教师博士后培训项目，依托部分高校马克思主义理论学科博士后流动站培养思想政治理论课青年学术专家和教学带头人。

（三）示范培训项目

教育部和省级教育部门，通过部级示范培训和省级教育部门培训两级培训方式，对全国高校承担本专科和研究生相关课程的思想政治理论课教师进行全员培训。

此外，教育部还启动中青年骨干教师择优资助计划、拔尖教师国内高级访学资助项目，重点培养一批优秀的教学名师和学术带头人，培养一大批勇于开拓创新的骨干教师；实施项目带动计划，对教学内容研究、教学方法研究和教学成果总结等课题，专门列项予以资助；实施思想政治理论课表彰计划，定期组织高校思想政治理论课先进教学单位、优秀教师、教学能手表彰活动；实施高校思想政治理论课在线网站建设计划，促进优质教育资源普及共享，为广大思想政治理论课教师继续教育创造条件，推动思想政治理论课教师队伍建设。

第三节　加强大学生思想政治教育队伍建设创新的策略

近年来，大学生思想政治教育队伍建设取得了长足发展，在培养社会主义合格建设者和可靠接班人方面发挥了重要作用。但是，大学生思想政治教育队伍建设是一项长期的工作，必须随着社会发展、大学生思想政治教育目标任务的变化不断加强和改进。

一、坚持科学的指导思想

思想政治教育是党的优良传统和政治优势，高等学校思想政治教育的根本任务是服务于培养全面发展的社会主义合格建设者和可靠接班人的根本目标。思想政治教育具有鲜明的阶级性和政治性。在我国现阶段，思想政治教育是为实现党的路线、纲领服务的，它是党以马克思主义思想体系、共产主义信仰教育人民，提高人们的思想道德素质，动员人们为建设社会主义、实现共产主义而奋斗的实践活动。高校思想政治教育队伍承担着宣传马克思主义理论和党的路线方针政策，传播社会主义意识形态和精神文明，用马克思主义中国化的最新理论成果武装大学生、用优秀文化培育大学生等方面的主要任务。这就要求他们必须具有坚定正确的政治方向，必须有坚定的理想信念。只有如此，他们才能在政治上指导和引导学生，才能培育大学生坚定的政治信仰和爱国主义情怀，才能指引大学生健康成长。思想政治理论课教师必须坚持正确的政治方向，热爱马克思主义理论教育事业，具有良好的思想品德，有扎实的马克思主义理论基础和相应的教学水平、科研能力。要求广大教师要以高度负责的态度，率先垂范、言传身教，以良好的思想、道德、品质和人格给大学生以潜移默化地影响。要坚持学术研究无禁区、课堂讲授有纪律，严格教育教学纪律，切实加强教材管理，在讲台上和教材中不得散布违背宪法和党的路线方针政策的错误观点和言论。在事关政治原则、政治立场和政治方向问题上不能与党中央保持一致的，不得从事大学生思想政治教育工作。辅导员和班主任要在重大问题上要立场坚定，旗帜鲜明，与党中央保持高度一致。可见，大学生思想政治教育队伍建设首先是要坚持正确的政治方向，要始终坚持以习近平新时代中国特色社会主义思想为指导，坚持思想政治教育为建设中国特色社会主义服务。

二、促进队伍建设的专业化和职业化

专兼结合的大学生思想政治教育队伍基本结构，是我国高校思想政治教育队伍建设的优良传统，这一思路在 20 世纪 80 年代中期就已经形成。思想政治教育队伍应该高校与兼职相结合。本着精干与高效的原则，坚持以高校干部为骨干，建立专兼结合的大学生思想政治教育队伍，成为思想政治教育队伍结构调整的基本思路。

大学生思想政治教育队伍应由精干的高校人员和兼职人员组成，其中以高校人员为主，兼职人员为辅，构建合理的专兼队伍结构。正是由于党和政府坚持专兼结合的原则，才使得高校思想政治教育队伍不断发展壮大，结构不断优化，也才使得全员育人、全过程育人、全方位育人的工作思路在实际工作中得到贯彻落实。

在专兼结合的大学生思想政治教育队伍基本结构中，高校思想政治教育工作者是骨干力量。要实现思想政治教育工作的专业化和科学化，必须以高校人员为骨干，并且通过专业化和职业化建设，培养和造就一批思想政治教育的专家。专业化致力于队伍成员内在素质的提升，职业化立足于外在的资格认证和职业要求。思想政治教育队伍的专业化建设。

有助于提高队伍整体素质，使其掌握相关的专业知识和工作能力，确保有充足的时间和精力进行本职工作，提高思想政治教育工作实效；职业化是专业化发展的动力和保障，职业化使其具备崇高的职业理想，掌握过硬的职业技能，树立良好的职业形象，提升社会认同。个人职业取得发展，能够使他们安心本职工作，有助于队伍稳定和健康发展。重视各级各类学校辅导员专业发展，只有实现了队伍建设的专业化和职业化，才能造就一批素质过硬

的、经得起实践检验的队伍，才能真正为大学生思想政治教育提供组织保障。

我们可以采取以下措施促进大学生思想政治教育队伍建设的专业化和职业化。

（一）培养培训

其一，培训的内容主要包括对大学生思想政治教育队伍成员的思想政治素养的培训，思想政治教育专业理论知识的培训，社会学、心理学、教育学、管理学等相关专业知识的培训及相关能力素质的培训。重点是对队伍成员政治素养的培训。还应该进行对大学生思想政治教育队伍工作方式方法创新的培训，引导他们树立运用新方法的意识，培育他们合理采用新方法的技能。其二，培训的形式可以采取岗前培训、日常培训、专题培训、学历培训和骨干培训等形式。要突出学历培训和骨干培训。学历培训一般是指对已经从事工作的队伍人员进行统一规划和安排，选送他们去攻读硕士学位或者博士学位，学成归来再继续回到原岗位参加工作，培育思想政治教育方面的专家和学者。骨干培训是指为了保证队伍的稳定性，选择一些表现突出的骨干力量进行社会实践、挂职锻炼及国内国外的各种培训，培育一批教育能手。其三，完善培训保障机制。要重视精品教材和课程建设，积极吸收国内外优秀研究成果和实践经验，逐步建立科学合理、绩效突出，以理论学习、技能训练和案例教学为重点的培训教材和课程体系；要继续建立健全思想政治教育队伍人才培养基地，保障大学生思想政治教育者定期系统培训的实现；建立对培训结果相应的考核制度，培训最终的目的是要提高队伍成员的素质，不能简单上上课、开开会就算结束，在培训结束以后要检验培训实际效果。可以把队伍成员的培训作为其评优评奖、待遇和职称变化的一个标准，以激发他们参加培训的自觉性和积极性。

（二）以辅导员队伍建设为重点

作为大学生思想政治教育队伍之一的辅导员队伍，是大学生思想政治教育的骨干力量，保证辅导员队伍建设的专业化和职业化，必将促进整个队伍专业化和职业化的发展，保持队伍稳定。其一，设立辅导员专业。促进大学生思想政治教育队伍建设的专业化，不仅要继续深化原有学科专业发展，而且要适应新的实践需求创建辅导员专业，促进辅导员学科发展。教育部可以结合当前高校学生思想政治教育工作的实际需要和辅导员队伍建设未来发展需求，将辅导员学科作为思想政治教育的一个分支学科，在原来思想政治教育专业二级学科的基础上，创建能培养具备高水平理论素养和实践能力的高校辅导员专业，进行统一的招生培养，为专业化的辅导员队伍建设提供坚实的后备力量。辅导员专业的设立，将更有针对性、实质性地提升辅导员队伍的专业化和职业化水平，为大学生思想政治教育工作队伍的建设，尤其辅导员队伍工作的开展提供强大的专业学科支撑和组织保证。其二，做好合理分流。未来辅导员队伍如果不能做到合理分流，必将影响这支队伍工作的积极性和创造力，高校应建立多个职业发展渠道，允许不同的人有不同的发展方向，让高校辅导员看到自己的职业前景。一方面，培养一部分科研能力突出，具备敏锐科研思维能力的辅导员成为思想政治教育专家；鼓励一部分善于管理学生事务、善于疏解学生心理问题，能够创新性地开展大学生主题教育活动的辅导员，继续从事辅导员工作，把辅导员工作当作自己的终身职业来对待。另一方面，一部分具备行政管理能力的辅导员，可以推荐其在学校机关部门工作，发挥其行政管理能力。这样各展其能，让他们在工作中获得最大的积极性和成就感，就能更科学、更有效、更全面地引导辅导员的工作，有利于形成辅导员队伍的长效发展机制。总之，让辅导员这个角色成为人才成长和发展的平台，更让辅导员成为一种职业，促进整个队伍建设的稳定性。

三、促进队伍建设的制度化和规范化

建立科学化的体制机制，将思想政治教育骨干队伍纳入教师队伍建设的总体规划，并出台系列配套政策，建立健全选配机制、考核机制和动力机制，形成思想政治教育人才脱颖而出的良好局面。

（一）建立健全选聘机制

首先，扩大人数规模，按照国家相关文件的要求来配备思想政治教育人员。思想政治理论课专任教师要总体上按不低于师生 1：350～400 的比例配备，高校辅导员和学生按 1：200 甚至更高的比例来配备，保证每个院系、班级都有相应数量的高校辅导员。要以优厚的待遇和人文关怀为招聘条件，最大限度和最广范围地吸引有意愿者积极加入到队伍中来。其次，规范选拔标准，按照政治强、业务精、纪律严、作风正的要求，坚持专兼结合的原则进行选拔。政治强是指队伍成员要具备的首要素质就是政治素质，必须有坚定的政治信念，拥护党的领导，这就要求队伍成员最好是中共党员。业务精是指必须掌握开展思想政治教育工作的相关专业知识和能力素质，如语言表达能力、危机处理、应变能力等。纪律严是指大学生思想政治教育队伍要遵守严格的制度规范，有严明的工作纪律，以此来规范自身行为。作风正是要求队伍成员具有实事求是的作风、密切联系学生的作风、民主公正的作风，树立良好的形象，最后，完善选拔程序，包括笔试、面试、试用等环节。以辅导员的选拔为例，笔试的内容包括与大学生思想政治教育队伍相关知识的运用程度。面试主要是对应聘者的能力进行考察，测试他们职业能力、应对突发事件的能力、心理承受能力及语言表达能力。然后对拟录取者进行试用，根据其实际表现及学生反映进行综合评判。试用期间实行双向选择和淘汰机制。

（二）建立健全考核机制

由于大学生思想政治教育工作的复杂性和特殊性，学校必须制定出一套符合实际、行之有效的考核机制来进行考核。从考核主体来看，应该全面考虑多方面的因素。其主体包括学生、队伍成员自己、同事及上级部门，对队伍成员进行学生评议、个人自评、院系考核、职能部门考核和同级互评，然后综合所有考核人员意见，得出最后考核成绩。从考核内容来说，包括对队伍成员的素质考评，即考察他们的政治、思想、作风、道德等素质；能力考核，即实际分析问题和解决问题的能力，组织协调、教学及科研能力；工作绩效，即考核队伍成员的工作数量、出勤、学生实际思想水平情况等。从考核的方法来说，首先应该坚持定性与定量相结合的方法，根据队伍成员的实际工作特点，对其素质和能力方面进行定性考核，对工作业绩等进行定量考核，要尽量把考核标准量化转化成为可以直接或者明确反映其工作业绩的可操作性的标准。其次，要坚持过程考核和结果考核相结合，结果考核主要考察队伍成员岗位职责完成情况和工作业绩，过程考核主要是看队伍成员平时的工作状态和表现，是一个动态的过程。最后，要将考核结果与奖惩相结合，对优秀的队伍成员进行表扬奖励，对于考核不合格的应予以批评、提醒，严重不合格者要考虑调离工作岗位或者解聘。

（三）建立健全动力机制

著名的公平理论的提出者亚当斯认为，一个人对他所得到报酬是否满意，不是只看其绝对值，而是要进行社会比较和历史比较，看其相对值。两种比较结果相等时，就公平；公平就能激励人。反之，就会使人感到不公平；不公平就产生紧张、不安和不满情绪，影响工作积极性的发挥。动力机制即激励机制，建立健全的激励机制能够有效提升队伍成员工作的积极性和主动性，营造公平和谐的工作环境。首先，要帮助大学生思想政治教育队伍成员认识和评价自身工作的价值，对所从事的工作产生认同感，能从工作上得到满足和成就，这是解决动力不足问题的关键。其次，要将物质激励与精神激励结合起来。物质激励就是要为大学生思想政治教育队伍成员提供良好的工作环境，提高工作水平和福利待遇，对超负荷的工作要给予补贴，对表现突出的人员进行物质嘉奖。精神激励要通过表彰，授予荣誉称号、提供培训、晋升机会，解决个人发展问题来进行，主要是对队伍成员尊重、成就和自我价值的满足。再次，坚持正激励和负激励并重，对表现优秀的人员要给予及时的奖励，对消极怠工、工作不佳的人员要进行警告，必要时进行一定的惩罚。这就需要健全淘汰机制，对于不能胜任工作的人员及违反纪律、犯错误的人员予以警告、记过、辞退等。最后，国家、学校要有适当的政策倾斜，为队伍建设提供一定的环境保障和制度支撑。相关部门要在教育资源、硬件设施和资金供给方面给予队伍建设大力支持和一定的政策倾斜，就辅导员队伍建设来说，要继续完善教育部人文社会科学研究项目辅导员专项课题及高校哲学社会科学辅导员专项研究；设立辅导员科研基金、规范科研项目管理、完善科研条件保障机制等。

四、增进交流合作以实现主渠道和主阵地的有机统一

高校思想政治工作关系高校培养什么样的人、如何培养人以及为谁培养人这个根本问题。要坚持把立德树人作为中心环节，把思想政治工作贯穿教育教学全过程，实现全程育人、全方位育人，努力开创我国高等教育事业发展新局面。

大学生思想政治教育包括思想政治理论教育和日常思想政治教育两个重要方面。思想政治教育理论课是大学生思想政治教育的主渠道，思想政治理论课教师是主要教育主体，而日常思想政治教育是大学生思想政治教育的主阵地，大学生日常思想政治工作主要是指师生交流、职业生涯规划指导、学术活动、社会实践活动、心理健康教育咨询、学生社团活动、党团活动、校园网络等教育形式和途径。日常思想政治教育主要是由党政干部和共青团干部、辅导员和班主任开展的思想政治教育活动，辅导员是日常思想政治教育主阵地上的基层指挥员。主渠道和主阵地是相互配合、相互补充的，两者有机统一于思想政治教育实践中。首先，思想政治教育理论课具有明确的教学目标、系统的教学内容和完整的教学计划，日常思想政治教育可以按照大学生成长成才的规律，安排教育内容，构建起完整的日常思想政治教育体系，在内容的选择上要围绕理论课讲授内容进行，实现双方在内容上的衔接。在工作的方式方法上，思想政治理论课教学在讲授和灌输的基础上，也要借鉴一些日常思想政治教育的形式，如，利用网络教学、带领学生参加社会实践活动等，以激发学生兴趣，提高课堂教学质量。这都需要思想政治理论课教师与其他两支队伍尤其辅导员队伍进行有效沟通和配合，形成思想政治教育的强大合力。其次，要为合力育人搭建平台，成立课题研究小组，共同组建课题研究团队。课题小组通过"实践—理论—实践"的良性循环模式，形成合力，提升大学生思想政治教育效果。最后，进行必要的岗位轮换，学校党政干部、共青团干部的工作不应仅仅停留在发通知、发文件、开会、考核这些层面上，必要时可以深入学生工作第一线，担任学生的兼职辅导员、班主任或者是兼职学生党支部、团支部书记等；而优秀辅导员和班主任则可以兼职教授大学生思想政治理论课，同样，思想政治理论课和哲学社会科学课教师也可兼职做学生的班主任和辅导员。

需要注意的是，大学生思想政治教育队伍相互配合，形成合力，是要建立在明确队伍职责的基础上，并不是职能的混乱和无序。各主体队伍首先要明确自身职责，才能真正达到职能的互补与合作。

五、全面提高队伍素质

思想政治教育工作者素质，是指思想政治教育工作人员必须具备的思想、政治、品德、知识、能力、心理等各方面基本条件的总和。大学生思想政治教育队伍成员都要坚持正确的政治方向，加强思想道德修养，增强社会责任感，成为大学生健康成长的指导者和引路人。在事关政治原则、政治立场和政治方向问题上不能与党中央保持一致的，不得从事大学生思想政治教育工作。思想政治理论课教师要坚持正确的政治方向、理论功底扎实、善于联系实际，成为一支政治坚定、业务精湛、师德高尚、结构合理的教师队伍。

大学生思想政治教育工作者应该具备以下基本素质：政治素质，即在事关政治原则、政治立场和政治方向的问题上与党中央保持一致，具有较高的政治理论水平、政策水平和优良的政治品质；思想素质，即具有辩证唯物主义和历史唯物主义世界观，正确的人生观，优良的思想方法和工作作风；道德素质，即具有无私奉献精神，高度负责精神，民主平等精神，以身作则的品格，在道德人格心灵境界和情操等方面成为学生的楷模；法律素质，即具有现代的明确的法律意识和理性精神，了解掌握基本的法律常识，并能在工作和实践中依法办事；智能素质，即具有扎实系统的理论知识、文化知识和专业知识及运用于工作实际的各种技能和艺术；心理素质，即具有广泛的兴趣、优良的性格、真诚的情感和良好的自制力等；创新素质，即主要包括竞争和创新意识、独立性和创造性思维、开拓和创新的能力等。

第七章 高校学生学风培养创新

第一节 高校的学风建设概述

采用单一管理途径，也可进行多重管理途径相结合形式。高校学生管理工作是学校管理的重要组成部分，作好学生的管理工作对学校素质教育的实施及学生的全面发展有着重要的保证作用。在教育改革、市场经济高速发展的今天，我们要开拓创新，与时俱进，勇于实践，使高校学生管理工作适应时代要求，为社会主义现代化建设培养更多高素质的人才。

学风建设是反映一个学校工作的重要指标，学风建设是加强素质教育的重要措施与手段，更是反映一个学校校风、教风以及学生工作的重要内容，是素质教育在高校学生工作中的具体要求和迫切需要。学风建设是高校教育中的一个永恒的话题，也是我们学生工作者一个永远的话题。要想搞好学风建设，首先必须明确什么是学风、学风建设的作用与地位。

一、什么是学风

学风是一个学校或学者的治学精神、治学态度和治学方法的外在表现状态，是一种求知的氛围，一种育人的环境，一种熏陶的力量。学风有群体学风、个体学风之分。在大学里，一个学院，一个班级的学风，都是群体学风，它是群体在学习活动中表现出来的态度和行为倾向，或者说是群体中的典型和多数个体在学习中表现出来的代表群体主流的态度和行为倾向。

学风是一种氛围，是一种群体行为，对于世界观正在形成过程中的青年学生有着潜移默化的影响力。优良的学风是一种积极的氛围，使处于其中的学生感到一种压力，产生紧迫感；同时，它也是一种动力，使学生能积极进取、努力向上，制约不良风气的滋生和蔓延；它还是一种凝聚力，有利于培养学生的集体主义精神。

二、学风建设的含义

学风建设是通过学校有关部门、有关工作人员的努力，促使良好学风形成而建立的机制，由各种与学风有关的规章制度、措施、组织、人员（教师及学生）、环境等组成，实际上是对学风建设的情况进行控制与反馈，不断完善与调整的过程。

三、学风建设的地位和作用

学风建设是学校一项重要的基本建设。就培养人才而言，它应渗透于德、智、体全面发展的教育之中，其实质是教育、培养和引导学生树立理论联系实际和实事求是的作风，帮助学生形成正确的世界观、人生观、价值观，树立远大的理想，端正学习的目的与动机，养成科学的思维方式，成长为德、智、体全面发展的社会主义事业的建设者与接班人等方面。

四、学风建设的主体

学风是教与学过程中学生学习态度与行为的具体表现。学风，归根到底是学生的主观治学态度问题。因此，学风建设的主体应是学生。

广大学生是学风建设的主体。因此，在学风建设中要突出学生的主体地位，发挥学生主体的决定作用，要充分调动学生的内在积极性。只有这样，学风建设才能坚持长久，才能真正收到实效。目前，各高校都较过去更加重视学风建设，制定和出台了一些学风建设措施与办法，但是收效不大或效果不太突出。究其原因，主要是忽略了学生的主体地位，更多的是在"管"与"抓"上做了大量工作，突出了学生的行为管理，却忽略了"输"与"导"的作用。许多制度及措施的制定与出台全部来自于教师与学校的单方面要求，没有充分征求学生意见，或过少考虑学生这一主体与工作对象的特点与要求。只注重了外因的影响作用，忽略了内因的决定作用。

学风建设应在引导与激发学生内在动力方面下功夫，即在学风建设中突出"输"与"导"的作用。通过各种措施与载体，努力调动广大学生积极学习的潜在动力，进行目标引导、动机强化，使学生的主要精力与热情被"输出""输送"和"引导"到学习中去，提高学生学习行为的强度，注重学风建设的实效性，即突出学生的主体作用。在具体学风建设中，应加大学生自我参与、自我评价、自我教育、自我建设的比重，弱化行政管理、数量考核的比重，在学生中形成自我教育、自我约束、自我管理的机制，由"制度管理"向制度约束下的"自我管理"转变，这是学风建设应着力解决的核心问题。

五、教风与学风的关系

学风是衡量一个学校的办学水平、反映学校教学质量、体现培养人才素质的重要标志，学风和教风是校风的重要组成部分，学风直接受教风的影响，是教风的直接反映，教风直接影响到学风的水平。学风建设中，教风建设的影响作用不容忽视。

（一）教风对学风的影响

在社会发展中，教师是人类文化科学知识的继承者和传播者，对学生来说，又是学生智力开发和个性发展的培育者和塑造者。人们常把教师比作"园丁""人类灵魂的工程师"，倡导教师"诲人不倦"的精神，强调教师的躬行身教。可见在抓好学风建设的同时，抓教风建设尤为重要，加强教风建设是保持良好学风的基础。

第一，教师教书育人的态度对学生学习态度的影响。教师的工作态度、师德风范，对良好学风的形成具有直接的、经常的、无所不在的影响，特别是任课教师在教学过程表现出来的岗位意识、敬业精神对学生对待学习、生活、工作的态度有着十分重要的影响。

教师在与学生的交流中所表现出来的人生观、世界观、价值观，对学生具有潜移默化的影响。因此，要加强教师的师德建设，提倡教师做到"教书育人，为人师表"，要有敬业精神，发挥教师对学生正面影响的效应，这是加强学风建设的重要基础。

第二，教师的学术水平与课堂教学方法，是影响学生课堂学习行为的主要因素。课堂教学是影响学生学习积极性的主要因素之一，教师的教学内容与教学方法、讲授能力与教学技巧，影响学生在课堂上的学习行为，将在学生今后的学习行为中产生正强化与负强化两种效果。因此，要注重教师课堂行为对学风建设的影响，在加强学风建设的同时，加强教风建设。

（二）学风对教风的反作用

教风与学风的作用是互动的，教风对学风建设起主导作用，学风建设又对教风建设起促动作用。在学风建设提高到一定水平时，要突破一个"瓶颈"，这个"瓶颈"就是教风建设的整体水平。即学生的学习自觉性与学习能力有了较大提高之后，势必对教师的学术水平即教学与科研能力提出新的要求，这势必会反过来促进教风建设的不断提高。

所以，教风建设与学风建设要同步进行，二者不可偏废。在加强学风建设的同时，不能忽略教风的影响，学生工作与教学工作不能脱节，要紧密配合，共同拟定发展目标、工作计划、管理措施，只有发挥教风与学风建设的协同与互动作用，二者才能健康发展、共同提高。

第二节 高校学风建设的途径

一、高校学风建设的途径分析

学风建设是加强德育建设与素质教育的必然要求，是培养人才的重要手段与措施，是高校工作的重点，分析与探讨学风建设存在的问题，研究与实践学风建设的措施与方法是高校党政工作与学生工作的首要任务。由于学生主体的特点是不断变化的，不同时期、不同阶段、不同年龄有着不同的特点与要求，就应根据学生主体的变化与特点开展有针对性的工作，才能事半功倍，收到实效。

首先，应认识学风建设主体的需要，研究工作对象的群体特点

与个体特性，寻找工作的突破口。分析当代学生需求的特点与高校学生的热点，是做好学风建设的前提。目前高校学生中普遍存在考研热、上网热、出国热、考托福热、考 GRE 热、恋爱热、打工热、活动热等现象，这些热点对学生的学习有着正面和负面的双重影响。如考 GRE 热，一方面反映学生提高英语水平的愿望，想出国深造，对学风建设存在着有利的方面，但其中也有一些学生放松了对其它课程的学习，造成对学风建设不利的影响。而

学生热点中的上网热、恋爱热、打工热、活动热，有时又与学生的专业学习发生冲突，有与学风建设相悖的地方，某种程度上也影响了学生的学习，这些是值得我们思考与研究的地方。如何把学生主要精力引导到学习上来，教育学生处理好学习与能力提高、个性培养的关系，应该成为学风建设的着眼点与突破口。

其次，应加强对学生的思想教育，在"三观"教育上寻找突破。学生的学习态度、学习目的、学习动机受其人生观、世界观、价值观影响，而学生的"三观"正处在塑造与成型阶段，要通过有效的途径加以引导，帮助学生树立远大的理想，坚定理想与信念，在目标上强化学生学习的动机，是学风建设的思想保证。具体来说，首先，通过"两课"教育，使学生明确学习目的，增强爱国主义、集体主义观念，树立以专业知识服务社会、服务人民的人生观与价值观；其次，教育管理工作者应深入学生生活，认真细致地做好思想引导工作，了解学生的思想动态，对存在的不正之风、不良学风等，一定要究其根源，谆谆教导，激发学生的求学热情；第三，学生的主要任务是学习，许多同学在遇到学习上的困难时，心理压力太大，可能会产生消极的甚至是偏激的行为，如，焦虑、忧郁、冷漠、讨厌学习、拒绝与老师合作、扰乱课堂秩序，等等。这时候，老师应该帮助他们认真寻找挫折原因，引导他们改进学习方法，鼓起他们克服困难、追求上进的勇气，重新扬起奋斗的风帆。

第三，以教学管理为保障，严肃学风纪律。无规矩不成方圆，建设优良学风，必须要有完善的管理制度做保障，要"有章可循、违章必究"。与此同时，教师也必须与学生保持平等的关系，因为教师并不是真理的化身，而是学生探索真理的领路人。教师严谨的治学态度、崇高的治学精神以及显著的学术成就对于学生优良学风的形成有着良好的示范作用和带动作用。教师要严肃教学纪律和考试纪律，对学生高标准、严要求，教学管理部门要严肃学籍管理，不断完善学分制，实施"宽进严出"，把好最后一道关。

第四，学风建设应建立约束机制与激励机制，形成良性的运行机制。约束机制能引导群体的行为，保证目标、措施的实现；激励机制能调动学生主体的主动性，提高协作意愿；也是学风建设的重要内容。二者相辅相成，缺一不可。只有约束与激励机制共同发挥作用，学风建设才能坚持长久，不断深入。

第五，以丰富多彩的校园文化活动为载体，营造浓郁的学习氛围。学风建设是一个潜移默化、受多方面因素影响、不断积累强化的过程，而丰富多彩的校园文化活动则是学风建设不可或缺的重要组成部分。首先，要充分利用党校、团校以及"两课"阵地抓好学生的思想教育，引导他们积极向上，树立崇高的理想和成才目标；其次，有目的、有针对性地通过心理咨询和体育活动，为学生的成人成才准备好良好的心理素质和强健的体魄；再就是，结合学生的需要和专业特点，充分利用社团活动、学术讲座、知识竞赛、技能训练、优秀人才先进事迹报告会等形式，拓宽学生的知识视野，提高学生的文化素养，激发起他们求知、成才的欲望。学风建设不是一件孤立的工作，学校的各项工作都要配合学风建设，为学生更好地学习创造条件，一切工作以"为提高学生素质、加强学风建设服务"为出发点，才能取得良好的效果。

第六，教学改革是学风建设的重要保证，应加强学分制、选课制、考试制度的改革，创造良好的学习环境与空间。通过让学生自主选择学习的内容、方法与时间，可以提高学生学习的兴趣，激发学生学习的主人翁意识，增强内在学习动力，变"要我学"为"我要学"。设立各种创新学分、科研等级评价体系等，调动学生学习的积极性与主动性。同时，学校应加强硬件条件建设，在图书、计算机、科技实践设施上加大力度，为学生的学习创造良好的外部环境。

综上所述，学风建设是高校学生工作的主旋律，是实施素质教育的重要手段与措施，也是学校培养人才这一根本任务的必然要求。因此，加强学风建设要调动全校广大教师的积极性，形成全员意识，对学生的学习进行全过程参与和全方位服务，才能促进学生的全面发展。例如，可以评比学风建设先进班级、学风建设进步班，通过各种渠道宣传学习标兵，在校园形成深厚的学习氛围，影响学生的学习行为。同时，学校的各项工作要配合学风建设，为学生更好地学习创造条件，一切工作以"为提高学生素质、加强学风建设服务"为出发点。

二、处理好学风建设与教风建设的关系是关键途径

学风建设与教风建设相辅相成，加强大学生思想政治教育工作，树立良好的教风与学风，既互为因果，又相互促进，其共同目的都是为了切实提高人才培养质量。

（一）师德建设工作是教风学风建设的基础

良好的学风与学习环境有关，与学生素质有关，换句话说，好的学风可以改善学生学习环境，可以提高学生综合素质。教风主要指教师在教书育人中的态度，在学风建设中起着引领指导的作用，良好的教风学风的形成有赖于加强和改进师德建设工作。

由于职业的特殊性，教师师德是以热爱学生、教书育人为核心。

以"学为人师，行为示范"为准则，以提高教师思想政治素质、职业理想和职业道德水平为重点，弘扬高尚情操，志存高远，爱岗敬业，忠于职守，勤于奉献。教师要怀有博大和无私的爱心，不应讥讽、歧视、侮辱学生，不应向学生推销教辅资料及其他商品，索要或接受学生、家长财务等以教谋私的行为，不应在科研工作中有弄虚作假、抄袭剽窃、侵占他人成果的不端行为，不应在考试工作中有违纪违法行为，严厉惩处败坏教师声誉的失德行为。教师应当时刻铭记自己的职责不只是"传道、授业、解惑"，一名合格的教师还担负着"教书育人"的职责。教师自身的行为会对学生产生重要的影响，有人形容学校就向企业一样在生产产品，但是这种"产品"与一般意义上的产品有着天壤之别，因为，从学校中走出的"产品"是有思想、有意识，具备行为自发性和主动性的"人"。

中华民族向来有尊师重教的传统美德，人民赋予教师以"人类灵魂的工程师"的美誉。教师是大学生成长的榜样，教师的思想政治素质和职业道德水平直接关系到大学生的成长，关系到国家前途和民族未来。在市场经济条件和改革开放环境下，高校教育和师德建设工作面临着许多新情况、新问题和新的挑战。高校扩招，社会对优质教育日益增长的需求，对教师素质提出了新的更高要求。

高素质的教师队伍是高质量教育的基本条件之一，教师在日常课堂教学

中的组织作用，在行为规范方面的表率作用，在思想道德品质上的潜移默化作用都会影响学生的世界观、价值观、人生观。因此，教师的教书行为不仅仅是向学生传授某种专业知识的过程，也是向学生传递一种观念、传承一种道德、宣扬一种精神、划定一种规范、弘扬一种治学态度的"育人"途径。学生在这种教书育人、言传身教的过程中受益、解惑、成长。

（二）端正教风是学风建设的突破口

高校要高度重视教风、学风和校风建设。教风是高等学校培养学生、提高教书育人质量的一个重要因素，所体现的是教师履行职责的职业道德、思想风尚的高低、教师教学水平高低和治学态度的严谨与否。教风与学风是相互影响、相互制约的。优良学风是优良教风的必然要求与最终结果，没有好的教风就没有好的学风，学风建设也就会成为一句空话，教学质量也没有保证。因此，广大教师要以德育人、爱岗敬业、为人师表、教书育人，以自己的道德追求、道德情感、道德形象去引导教育学生。要通过开展评选和表彰师德优秀群体和师德标兵、学习和弘扬优良办学传统等活动，形成有利于良好教风、学风和校风建设的氛围。大力提倡严谨治学、从严治教的作风，把教书和育人结合起来，把培养能力和开发智力结合起来。好的教风、学风和校风能为人们所切身感受和体验，对青年学生的思想成长和行为养成产生深刻影响。学校的教风、学风和校风如何，直接影响社会、学生及家长对学校的评价和选择。从长远看也关系到学校的前途和命运。

在校风建设中，学校必须针对学风建设的实际情况，采取有力措施改善教风。一要加强教师的思想教育工作；二要注重师德建设；三要严格管理，实施质量监控和考核制度；四要加强教师的岗位培训；五要切实解决教师在职称、住房、工资待遇等方面的实际问题。以此全面提高教师队伍的思想素质、政治素质、道德素质和业务素质，调动广大教师教书育人的积极性，提高教师的教学水平，从而推动学风建设和提高教学质量。

（三）教学制度建设和严格教学管理是学风建设的侧重点

学校的规章制度体现了治校的指导思想，对学生具有一定的控制力和约束力，有助于培养学生良好的行为习惯，促进学风建设。学校要针对目前一些学生学习自觉性差、自制能力弱的情况，建立科学合理的规章制度，规范学生的行为，加强对学生的管理。完善辅导员制度，开展深入细致的思想工作，让每个学生都了解学校的规章制度，清楚学校提倡什么，反对什么。在管理上要严格，是非分明，奖优惩劣，提高学生的自制力，以形成良好的学习氛围，特别要加强考试纪律的管理。考风是衡量学校办学水平、管理水平、教学质量和学生综合素质的重要标志之一，是学生学风的具体体现，对此要严肃对待。

（四）深化教学改革，建立起充分调动学生自主学习的机制和环境

知识经济对人才培养提出了更高的要求，它要求高等教育培养出大批具有创新精神和创新能力的高级专门人才。通过深化教育改革，建立起充分调动学生自主学习的机制和环境，是建设优良学风的根本措施。特别是在全面推行素质教育的今天，充分发挥学生的个性特长，培养学生的创新精神和创新意识，是高等教育改革的重大课题。深化教育改革，要着眼于培养学生创造思维、学习能力、自学习惯。在教学改革上，要建立及时更新教学内容和教材的机制，将先进的科技成果和科学知识传授给学生；要加强课程的综合性和实践性，积极探索产学研结合的途径，使学生积极参加科研、创新和社会实践活动。在教学管理制度上，改变过去整齐划一的培养模式，实行更加灵活的学分制，增大学生学习的自由度，给学生对专业、课程、教师、学习时间的更大的选择权。并通过大量开设选修课程、开放实验室，加强以文学、艺术和科技创新为主要内容的第二课堂，为学生自主学习创造环境和条件，激发学生的求知欲，调动其自主学习的积极性。

第三节 高校学生学习能力培养

一、高校学生的学习能力

（一）学习能力概念和结构

学习能力是学生运用科学的学习策略独立获取信息、加工和利用信息、分析和解决实际问题的一种个性心理特征。也就是说，学习能力既与学习活

动必需的基本心理能力（观察能力、记忆能力、思维能力等）有关，又与分析和解决实际问题的综合能力（自我调节能力、学习动机、学习的方法策略等）有关，它是二者的综合体现。学习能力既是学生学习活动的结果，又是学生进行学习活动所依赖的基础。

21世纪的社会是一个学习型的社会，终身学习将成为人们处身立世的需要。高校教育的重要目的是为学生的终身学习打下良好的基础，今天的"教"是为了明天不需要"教"；高校生的重要学习能力是学会学习，随着知识更新周期的缩短和人们岗位变化的加快，"会学"比"学会"更重要。学习理论的研究者认为一个会学习的学习者应具备如下能力：能够确立自己的学习目标；能够意识到不同的学习方法会产生不同的学习结果；能够意识到自己当前所用的学习方法，因此能监视自己的心理活动；能够从自己采用的学习方法所产生的结果中获得反馈信息，进一步评价自己的学习方法，因而能够依据是否有助于达成学习目标来调节自己所采用的学习和行为方式，以便更好地达到学习目标；学习主体有预见性，能预料事物的发展进程和结果，所以既能事先拟定学习计划，也能在执行计划的过程中依据反馈信息适当调整自己的学习计划。总之，元学习理论相信人是积极主动的机体，人能够监视现在、计划未来，有效控制自己的学习过程。最近，国内一项研究用因素分析方法，把元认知的学习能力划分为。三个方面、八个维度即如下。

1.学习活动前的自我监控

计划性；

准备性。

2.学习活动中的自我监控

意识性；

方法性；

执行性。

3.学习活动后的自我监控

反馈性；

补救性；

总结性。

（二）高校学生学习能力发展的特点

高校学生学习能力发展的特性主要表现如下。

其一，在高校学生的学习能力发展中强调学生发展职业情境学习迁移力，强调了学习情境对于知识应用范围的决定作用，认为学习情境与使用情境的要素相似，学习的迁移就容易发生。在高等职业教育的学习中，理论学习本身就有一个如何把学习与应用相结合的问题，而更重要的另一方面是如何将理论化和抽象的内容嵌入到具有职业情境的学习过程中去。只有理论与实践充分有效结合的学习，形成的学习迁移才是充满职业创造力的。

其二，在高校学生的学习能力发展中更加强调社会实践活动的创新力。当前，知识作为产品在贸易和投资中的地位日益显著，市场化的知识生产呼唤要充分运用市场机制尽快加强我国的科技实力，加强科技创新，最根本的是推动技术创新的有效机制。以社会、企业的知识应用为目标的高校生的学习也应建立在这样的创新机制之上，要形成以市场机制为导向，以知识的生产、经营为核心的有效学习。

其三，社会信息化的快速推进，使得一线高素质劳动者获得信息的机会更趋公平，这种公平突出了高校生学习把信息转化为有效知识这种才智的重要性。然而，不同的个体面对同样的信息，结果是不一样的。高校生作为一线高素质劳动者，如要形成这种才智，如何查找、评价和整合利用信息的素养是非常重要的，这种素养不是一般意义的信息技术素质，而是蕴含在素质中的一种意识和组织结构，它对信息转化为有效知识起到了选择和积极推动作用。

其四，培养学习元认知能力是实现高校学生学习能力发展的基础。把职业成长与社会、与生活结合起来的终身教育，将成为未来社会人们的一种生存方式和生活方式，也是 21 世纪的生存概念。而元认知由于对学习活动的整体起监控作用，能使学习者不断评估学习中的问题，并且改变学习策略以提高学习效果。因此，高校生的元认知能力的形成极其重要，它会为将来的职业生涯奠定良好的基础，产生积极、有效的作用，从而增加自我成长的可能性。

（三）培养高校学生学习能力的意义

重视和发展学生的学习能力是市场经济和劳动力市场变化的要求。随着我国社会主义市场经济的发展，经济增长方式由粗放型向集约型转化，经济结构向工业化阶段转变，产业结构从劳动密集型向技术密集型转化，而且全球经济一体化趋势和高新技术的日新月异，使企业经营方式也由单一生产型经营模式转向产品经营、资产经营、资本经营等多种形式并行或互为融合模式。从市场经济和社会发展给劳动力市场带来的变化看，瞬息万变是现代这一时代劳动力市场的特征。21世纪人们的岗位变化将更加频繁，许多想象不到的新行业、新工作将不断出现，这就要求职业教育培养的学生具有远期的适应能力和应变能力，而学习能力是个体在多变的工作环境中能够生存和发展的先决条件。因此，作为沟通教育与就业桥梁的职业教育，为使受教育者能充分获取未来的就业机会，并培养他们在各种职业中尽可能多的流动能力，应该而且必须重视和发展学生的学习能力。

重视和发展学生的学习能力是知识经济的要求。知识经济取代工业经济无疑是人类历史的重大变革，知识经济是主要依靠知识创新、知识创新性应用、知识广泛传播和发展的经济。知识经济时代国家和地区的创新体系和创新能力已成为社会和经济发展的重要基础和竞争力提升的关键因素。知识经济时代，需要的是一种知识型、创新型人才。这对传统的以培养实用型技术型人才为目标的职业教育无疑是大冲击，为使受教育者适应变化的环境并得以发展，职业教育应以技术培训加科技应用为主，努力培养技术型加创新型人才。学习能力是拥有创新能力的前提，因此，职业教育应重视和发展学生的学习能力。

重视和发展学生的学习能力是终身教育和个人可持续性发展的要求。传统的职业教育，大多是终极性教育，学生可在学校获得一套终身有用的技术，但这时代已经过去。现代社会科学技术日新月异，知识更新速度越来越快，职业中新知识与新技术的增加是常态，这意味着终身学习化社会已经到来，学校教育已不再是教育的终极。终身教育的观念近年来已经深入人心，成为许多国家和个人所追求的目标。

二、高校学生学习活动中存在的问题

学生学习中最大的困扰是学习方法问题，不良的学习方法导致学生学习成绩不良，学习兴趣不高，自我期望下降。因此，如何让学生提高单位时间的价值，向时间要效率，是教育中的重点。

学生普遍对高校教育人才的培养目标缺乏认识，对高等职业教育与普通专科教育的区别不清楚，在学习过程中存在一定的自卑心理，对未来就业存在一定程度的担忧。

大学生在学习活动中具有的正确学习态度，能够把握学习内容和学习环境的变化，不断调整自己的学习技术，较好地促进学习能力发展。同时也表明，高校大学生的学习适应性水平比普通大学生低，主要体现在"学习态度""学习技术"和"学习动机"三方面。大学新生虽然在注意力、记忆力、思维能力等都已达到青年期的高峰值，但他们对于大学学习内容的专业化、高层次性和争议性，以及以自学为主的多种学习方法往往会产生心理上的不适应，特别是高校新生由于学习基础相对薄弱，在这方面的问题更为突出。但研究发现，随着年级增长，高校大学生与普通大学生的学习适应性差距在逐渐缩小，到高年级时，两者的差异并不明显（P ＞ 0.05），这说明高校大学生的学习潜力和可塑性还是比较大的。大量的研究显示，高校学生学习能力表现出的主要问题不在于智力因素（观察能力、记忆能力、思维能力等），而更多是在非智力因素，如学习兴趣态度、学习动机、学习方法和策略；从元认知理论认识，高校学生的元认知能力的不足，影响了他们的学习活动，他们对自我偏低的评价，对学习较低的热情，简单的学习方法和策略，缺乏学习的目标等等，影响了他们学习的主动性、积极性，妨碍了他们自主学习能力的形成，更加影响到他们掌握终身学习的技术和策略。

三、培养高校学生学习能力的对策研究

（一）培养高校学生学习能力的具体策略

首先，建立以爱心为基础新型的师生关系，创造和谐的学习环境，转变学生学习态度。因为"亲其师才能信其道"，尤其对那些高中学习成绩差而受到冷落的学生，必须实施"温暖工程"。

第二，加强心理健康教育，增强学生的责任感，树立自信心。学校开设学习指导课、社会行为指导课、职业生涯发展指导课等，使他们确定人生发展的目标，自觉地对自己负责，对社会负责，由此而激发学习的动力。

第三，实行激励教育，为高校学生创造成功的感受和走向成功的机会，在教育教学工作中要有意识地把学生成功的心理体验，作为"应试教育"的失败者最缺少的体验。每位教师都要善于发现学生的教育点、发展点，从各个方面去挖掘学生的优点，及时地指出并鼓励。教师在教学过程中对学生要多肯定、多鼓励、多表扬，少否定、少冷落、少批评。结合专业特点，举办各种竞赛活动，为学生成功创造展示的舞台；同时，还可以组织学生参加全国、省、市各类专业大赛，为当地各级政府机关、企事业单位提供专业技能服务。这样既使学生提高了适应社会、适应市场的能力，同时也激发了学生的学习兴趣，培养了学生善于思考、刻苦学习的自觉性。

第四，学院在教育教学各个方面要为高校学生创造良好的自主学习环境。作为教师必须树立以学生为本的教育理念，坚持一切为了学生，为了一切学生，为了学生一切。在教学中要求注重学生学习兴趣的培养和内驱力的激发，要紧密结合职业技术学院的特点，改革教学方法，使高校学生逐步寻找到自我发展的道路。

第五，注重学习方法和策略的指导。当一部分学生有了学习的愿望，学习方法就成了主要矛盾。这要求教师除在教学过程中对学生进行有针对性的学习方法和策略指导外，还要请优秀的毕业生介绍学习方法和学习心得，使在校生能够认识到学习差的原因，树立正确的学习观，还要明确学习方法和策略的重要性，从而在学习中自觉地掌握学习的方法和策略。

最后，培养良好学习习惯的养成是关键：①强化教育。新生入学就进行养成学习习惯的教育，使学生认识到：勤奋好学的习惯是一笔财富，良好的学习习惯是现代人必须具备的生存能力，培养良好的学习习惯是人的成功之本。通过教育使学生认识到养成良好学习习惯、搞好学习是为了更好地生活，是为了获取生存和发展的能力。②明确要求。使学生明确应当养成哪些学习习惯，学校对养成良好习惯的要求和学生怎样才能养成良好的学习习惯。③强化训练，逐步养成。良好学习习惯的养成，一方面要循规蹈矩，按学院要求去做；另一方面要克服不良的学习习惯。学院要制定《学生学习规范》《学生考试规则》，对学生学习的每个环节都有严格的要求和具体的规范。

（二）两项典型的培养学习能力的研究

1. 整体性教学研究

基于整体性学习的职业教育，其目标分类是多维、多向度的。学习目标分为四大领域。即内容——专业的、方法——问题的、社会——交流的、情感——伦理的学习目标。①专业的学习目标是指向与专业相关的功能性知识，构成学生的专业能力，其内容要通过专业实践。即在学生独立制订计划、独立实施计划和独立检查计划的背景下进行教学。②问题的学习目标指向学生能够独立地获取知识与理解能力的学习过程。这样一种和过程与方法相关的目标，在整体性学习中包括解决问题的方法、实验、独立的学习与工作——即掌握学习与工作的技术。③交流的学习目标指向基本的合作与交流技术。例如掌握谈话的规律，开发团队与小组工作，实施冲突管理，具备演讲和演示技术、讨论与辩论技术、自由即兴发言技术。④伦理的学习目标指向自我定位与自我发展的能力。强调在日常生活情境中评价与决策能力的开发。涵盖社会认可的价值观与行动准则，例如，政治、社会和经济的价值，道德、审美的价值。由于学习是个体的行动过程，是学生通过学习过程中现实事件的经历而自我启动的过程。为使这一过程能持续地引导学生，职业教育课程教学的逻辑起点必须是学生主观上有强烈求知欲并以积极行动投入学习。职业教育课程教学的基本思路是：使学生借助自我行动将所获得的知识和经验内化以构建于自身，进而实现个体的可持续发展。

2. 情境性教学研究

传统高校人才培养模式的缺点是在培养过程主要根据理论知识的系统性和学科体系来组织教学，实践性教学环节主要是为理论教学服务，实践教学的"从属"地位无法保证职业技能训练的适应性、系统性和科学性，许多实践教学流于形式化和简单化。为提高应用型高技能人才培养的针对性和有效性，我国高校人才培养模式必须重新审视实践教学在教学体系中的地位与作用，建立"以实践教学为主体，专业理论教学为基础，以实践教学为主线组织教学活动"的人才培养方案，在"真实"的企业场景中进行"情境化教学"和"情境化学习"，为学生职业能力和职业素养的提高提供舞台。第一，高校通过整合自身已有实践教学资源并不断改善实践教学条件，面向企业发展，以职业标准为导向，参照现代企业生产条件、生产流程、质量标准和环境要求，在校内建立起模拟性的"情境"：它不仅是训练学生实践技能、陶冶职业素养的舞台，也是进行专业理论教学、促进专业理论学习与职业实践更紧密结合的重要场所。第二，高校结合自身办学条件和人才培养需要，拓展技术与技能培养的教育资源，与相关企业开展互动性"产学合作"，学校、企业共同实施高等职业教育，使企业的真实"情境"成为学生学习专业理论、训练专业技能和提高校业素养的最好"场景"。

高校学生的学习符合学习的一般特性，但有其自身的特点。从知识的基本分类来看，高校生职业技能学习的核心属于技术方法型知识的学习。这里的技术指为实现生产过程和非生产性需求的经验和科学的方法与手段的总和，可分为生产技术和非生产技术（包括市政、科研、文化、教育、医学等）。在内容上体现了对动作和智能的要求，特别是包含具有智力技能特点的认知策略内容，主要表现为处理工作对象的方法与手段技能、对内调控的反省认知技能的掌握。在职业的涵盖上，技术也不仅仅只局限于生产领域。不容忽视的是，提高高校生职业技能智能化学习水平的另一层重要的含义，就是存在于实践活动之中的默会知识的学习。无数的实践证明，实践的技能很难诉诸于文字；科学的创新根源于默会的力量。默会知识深深地镶嵌于人类的实践活动之中，只有通过行动中的体会、琢磨、体验才能学会。默会知识的学习对于如何提高适应一线需要的智能水平是十分重要的。

高校学生学习能力的发展有其自身的特性：其一，高校学生的学习强调学生发展职业情境学习迁移力，强调学习情境对于知识应用范围的决定作用，认为学习情境与使用情境的要素相似，学习的迁移就容易发生。其二，高校学生的学习强调创新力。以社会、企业的知识应用为目标的高校生的学习应建立在这样的创新机制之上，要形成以市场机制为导向，以知识的生产、经营为核心的有效学习。其三，社会信息化的快速推进，使得一线高素质劳动者获得信息的机会更趋公平，这种公平突出了高校生在学习中要有把信息转化为有效知识这种才智的重要性。

第八章 高校团建与社会实践的创新

第一节 高校团建工作

共青团是党领导的先进青年的群众组织，要发挥好作为党的助手和后备军的作用，为党的事业教育、团结和带领好青年；要发挥好重要社会支柱的作用，积极协助政府管理好青年事务；要发挥好作为党和政府联系青年的桥梁和纽带作用，依法代表和维护青年的利益，反映青年的愿望和呼声。这是共青团的性质、职责的定位，也是新形势下对共青团工作提出的新要求。

一、高校院团建工作的特点

立足共青团的性质和作用，着眼高校人才的成长和需求，就增强高校基层团组织工作职能总结高校共青团建设具有如下特点。

第一，团组织建设尚待完善，需加强学生思想道德教育，保持团组织的先进性。

从中央到地方各级部门都强调进一步加强大学生思想政治教育工作，这也是高校基层团组织工作职能的重心。高校教育工作作为社会主义教育的重要组成部分，必须全面贯彻党的教育方针，不仅要为用人单位提供合格的技术人才，而且要培养德、智、体等多方面全面发展的社会主义事业的建设者和接班人。鉴于当代青年主体意识增强，关注焦点转移，崇尚务实等基本特征和人生观、价值观多元化的思想实际，更要坚持把德育放在首位，特别是高校学生，他们将深入社会基层，通过他们所从事的职业来为社会主义现代化服务，其思想政治将体现在职业态度中。高校团组织，应始终坚持"以人为本，德育为先"的原则，把高校德育工作放在团的工作首位。

第二，团日活动开展还需加强。坚持团日活动与职业技能培养相结合，增强团组织凝聚力，确保基层团组织的服务性。

高校学生属应用型人才，他们将在自己的工作岗位上运用有关的科学原理、技术去处理在组织、实施、保障生产过程（流通或服务）中遇到各种较为复杂的技术问题。由于现场处理人、事、物往往需要应用多学科知识，同时必须善于与人沟通、与人共事。基于高校人才的培养模式，高校团组织，不仅应是团员青年的社会主义政治课堂，为他们赋予思想，还将是团员青年的职业技能竞技场，为他们赋予"血液"。这种思想、这种"血液"赋予的有效途径有两条：一是根据专业特色建立各种兴趣小组和学生社团，在团组织的领导下开辟活跃的第二课堂；二是开展特色团日活动。结合高校人才教育教学，团日活动应形式多样，如以思想教育为主体的（由高校学生特点选取）有：浅显易懂的团课；团员青年积极参与的讨论会、辩论会；结合党建思想，重心工作，热点焦点的征文比赛；传达党和国家的指导思想和行动指南，了解国际国内形势，了解校内外动态的简报；具有较强的表现高校学生欲望又受社会肯定的手抄报等，能让团员青年在活动中拥有多种收获。

第三，共青团组织在学生中的领导地位尚需加强。坚持组织重大活动与综合素质的培养相结合，确保基层团组织工作职能的前瞻性。

所谓"第三本教育护照"是指未来人的主要品质特征。第一本是学术性的；第二本是职业性的；"第三本护照"则证明一个人的事业心和开拓能力。拥有"第三本教育护照"的人能较高水平地发挥学术和职业方面的潜力，具有处理较复杂技术的应变能力，具有提出新思想，发展新思想的创新能力，具有规划和组织实施的能力。这就要求高校教育培养的人才不仅要政治觉悟高，职业技能强，还必须具有与社会相适应的综合素质。高校团组织的职能也随之延展，不仅要注重团员青年思想教育、技能培养，还要为团员青年综合素质的提高做好服务。开展丰富多彩的校园活动，通过各种体育比赛及书画、演讲、普通话、校园戏剧、校园歌手等比赛，塑造一种力争上进的校园环境；通过开展心理咨询、知心信箱、心理讲座等形式，让团员青年了解自己，了解别人，了解社会，以实际行动战胜自己的困难，减小精神压力，建造一种和谐的校园环境。面对严峻的就业形势，还可以模拟就业环境、就业观摩等方式，让他们面对就业有所准备，为就业多准备一把钥匙。另一重要的方面，要结合党和国家的中心工作，结合学校的重心工作，举办好有影响的重大庆典纪念活动，让团员青年在欢乐、骄傲、幸福的气氛中激情涌动，民族自豪感和历史责任感油然而生。同时，也能在活动中提高文化艺术修养，增强审美情趣，拓展知识，提高综合技能，培养他们的艺术才能，组织才能，协调能力，健康心理，合作精神等综合能力和综合素质。从而，增强基层团组织的职能活力，确保基层团组织职能的前瞻性。这也是高校团组织作为党的助手和后备军在活力培养方面的工作职能。

二、高校团建工作面临的问题

随着国家高等教育体制改革的快速推进，高校后勤社会化改革的全面实施和社会生活"四个多样化"的影响，高校共青团工作面临诸多挑战，在新形势下如何巩固和加强高校共青团这块阵地成为全团关注的一个新问题。

（一）学分制和住宿公寓化

所谓学年学分制就是指规定了修业年限，再实行课程学分的教学管理制度。高等职业技术院校不能实行单纯的学分制，由于教学硬件达不到实行完全学分制要求及教学软件上难以满足现实要求，教学组织与管理也较复杂的因素，因而采用学年学分制。高校强调动手能力培养，重视实践教学环节。如大量开设自由选修课，利用学生业余时间增加学生感兴趣课程的学习。在这种教学环境下，共青团组织开展活动的时间上就比较难统一。同学们参加活动也会提出是不是参加活动有学分加，参加活动有没有考核分等等疑问，这就为团组织的活动带来了问题。

随着高校后勤社会化、住宿公寓化改革的不断深化，高校共青团组织原有依托班级团支部为工作基本组织单位的运作格局正发生着变化，高校团的基层组织体系正面临着来自体制改革的冲击。进一步延伸工作纵深，扩大工作覆盖面，增强团组织的吸引力、凝聚力和减少工作盲点已成为高校团建的一个新问题。

（二）素质教育的实施

为了满足现代社会发展的需要，按照现代职业人的特征，高校学生应具备以下几方面的素质：一是现代职业岗位素质。即相应职业岗位所需的专业理论知识、操作技能和专门技术。二是现代职业意识和职业观念。能从观念上解决个人职业生涯的方向问题。三是良好的职业道德。爱岗敬业，诚实守信、顾全大局、做事专注，有职业责任，有职业信誉，享有做事的机会。四是现代职业礼仪。能尊重他人，仪表优雅、大方，行为举止规范，谈吐健康得体，享有机会的优先权。五是现代职业精神。乐观自信，追求卓越；勇于开拓创新，突破自我；胜不骄、败不馁，有责任感，享有永恒竞争力。六是适应变化。善于与他人沟通，善于推销自我和人际交往，懂得换位思维和赞扬他人，善于收集信息，并进行科学有效的管理，不断提升自己。现代职业素质是建立高校人才知识结构的基本依据，上述内容可以概括为两部分，即现代职业岗位素质和人文科技素质。高校人才应具备的能力相应可表述为：职业岗位能力和个人持续发展能力。如何通过高校共青团组织建设，促进素质教育的实施是新形势下面临的新问题。团组织建设如何根据素质教育的要求，插入更多的职业观念，利用职业意识和良好的职业道德观念来开展不同形式的团组织活动，增强高校类院校学生的职业观、道德观。

（三）教育对象的变化

我国高校大多数是从中等职业技术学校合并、升格而来，共青团组织的工作对象由中专生、职高生转变为高校类大专生。团组织工作对象倾向于中职生和高等本科院校生之间。这是一个新的领域，共青团组织工作如何来为教育对象服务，是一个必须面对的问题。以人为本，德育为先，有效地开展学生思想政治教育，提高学生的思想道德素质，既是学生成长的需要，也是学生就业发展的必需。高校团组织的工作通过各种类型的活动将极大地推动学生思想政治工作的开展，它"潜移默化"地、不知不觉地影响学生的情感、趣味、气质、情操和胸襟。高校的生源状况决定了我们的教育对象在学习习惯、生活习惯、思想道德、政治意识等方面与本科院校学生存在一定差距，我们更应该充分发挥共青团组织的作用。

三、新形势下高校团建工作的原则和重点

（一）思想重视，目标明确，始终坚持四个基本原则

1. 坚持党的领导原则

坚持党的领导的原则。团的组织必须始终不渝地坚持党的统一领导，创造性地贯彻执行党的路线、方针、政策，在政治上、思想上、行动上同党中央保持高度一致。这是做好共青团工作的根本保证，是共青团作为党的助手和后备军的基本要求。

2. 坚持服务育人，服务青年成才的原则

青年学生是祖国的未来，民族的希望。赢得青年，我们才能赢得未来，赢得希望。高校是培养和造就青年人才的重要阵地，只有紧紧围绕学院育人工作中心，将服务青年成长成才作为工作宗旨，共青团工作才具有更强的生命力。

3. 坚持制度化建设原则

为加强共青团工作制度化建设，学院制定完善的制度，使团工作更规范化和制度化。

4. 坚持"党建带团建"原则

"党建带团建"，团旗更鲜艳，这充分说明了党建工作对团建工作所起的重要促进作用性。如，通过学生党团支部"一帮一结对"、"党员八个一、四个一"等途径，充分发挥党组织的教育作用和党员的示范带动作用。另一方面，团组织通过鼓励学生参加马列研究小组、邓小平理论研究会并开展相关的活动，帮助大学生树立正确的世界观、人生观和价值观，不断增强大学生坚持走中国特色社会主义道路的政治信念。积极发挥共青团组织作为党的得力助手和后备军作用，促进了学院积极分子和党员队伍的壮大和发展。

（二）加强研究，把握重点，抓住三个重点，确保共青团工作取得新成效

1. 干部队伍是关键

干部队伍建设是任何一个组织自身建设的关键。一个整体素质较高、工作能力较强、思想作风过硬的团委班子对于完成创建任务、加强自身建设、做好团的工作具有决定性作用。要拓宽视野，改进方法，通过公开竞争、组

织挑选等方式把那些觉悟高、干劲足、能力强的优秀青年党团员选拔到基层团委领导岗位，放在关键位子，努力做到干部带班子、班子带队伍、队伍促发展。加强班子思想政治建设，注重学习培训，增强理论素养，提高政策水平，学院团委坚持总院和二级学院分层次举办的方法，每学年举办两期团干部培训班，学院还经常组织优秀青年团学干部到校外参观、考察、交流、取经等。通过这些方式，广大团学干部在掌握共青团工作基本理论与知识的基础上，对新形势下，共青团工作的特点、重点、难点、规律、途径、方法、手段、机制与模式等方面的内容有了新的认识和了解，工作的能力和工作水平获得了较快的提高。加强班子能力建设，立足岗位锻炼，强化实践磨练，切实增强班子成员遵守法规、掌握政策、民主议事、服务青年的能力，增强思想教育、组织动员、协调联络、真抓实干的能力，想干事，会干事，干成事。

2. 阵地建设是依托

阵地是工作的基础，是服务青年的依托。要立足团内，放眼团外，发挥组织优势，整合社会资源，加强团属阵地建设，用活团外活动阵地，注重传统阵地、有形阵地建设，加强新兴阵地、共用阵地建设。强化市场意识，树立经营理念，采取市场化、项目化和社会化运作模式，自主兴建、合作建设一批阵地。根据广大团员青年的兴趣和需求设计项目和活动，通过项目和活动来寻找阵地和载体，不求所有，但求所用。近年来，学院团委着重加强了社团、社会实践基地、青年志愿者服务基地、文化活动中心等阵地建设。积极借助社会各界的人力、物力、财力，充分利用大众传播媒介、社会公共文化设施和教育设施，开辟基层团组织服务青年、开展活动的新阵地，巩固和拓展共青团做青年工作的物质基础，切实做到活动有阵地，工作有依托，经费有保证，构筑牢固的基层团的工作保障体系。

3. 工作成效是根本

成效是作为的体现。有作为才有自身的位置和价值，才能显示出其岗位的重要性和必要性。因此，每一项工作都要有所作为，把工作建立在成效上，以扎实的工作促进全局的发展，从而实现自身的最大价值。这是共青团工作对每一位青年团员的要求，也是个人作为社会个体所应具备的基本能力。近年来，各学生社团活动蓬勃开展，形式多样，内容丰富，学习气氛日益浓厚，社团阵地活动育人作用得到有效发挥，较好地适应了学分制条件校园文化发展新要求，也为新形式下探索团组织建设新模式提供了广阔平台。而且有的社团及其成员在市内外比赛上取得良好成绩；重点培养的精品社团，代表学校参加市各大高校社团展示，把特色充分展示在众人面前的同时也体现其自身的价值与作用。

第二节 新形势下高校团建工作创新途径

高校院共青团组织作为党联系青年学生的桥梁和纽带，在引导青年学生树立共同理想、服务青年成长成才、全面提高其素质方面负有重要责任。在经济不断开放、不断发展，教育体制不断改革等新的形势下，高校团建工作开展有了更为广阔的舞台，但同时也面临许多挑战。

一、新形势下团建创新研究的必要性

第一，推进团建创新是共青团组织更好地适应经济社会发展的实际需要，也是团建跟上党建步伐的必然要求。我国经济社会发生了巨大的变化，经济体制、社会结构也发生了广泛而深刻的变化，这些变化对团组织建设产生了深刻的影响，提出了新的要求，是团建创新的原动力。共青团与党有着特殊的政治关系，党建的创新发展，必然对团组织建设提出新的要求，必须进一步加快团建创新步伐。团组织在新的历史条件下，要很好地履行三大职能，圆满完成党赋予共青团的任务，就要不断加强团的建设，积极推进团建创新。

第二，推进高校团建创新是适应青年变化和需求，是把服务青年提高到一个新水平的必然要求。随着我国社会经济成分、组织形式、就业方式、利益关系和分配方式日益多样化，当代青年的思想观念、价值取向、生活方式、行为方式也发生了深刻变化，视野更加开阔，需求更加多样，对服务质量和层次的要求越来越高。在学校共青团工作中，随着高等教育体制改革的深入，学校共青团的内外部环境发生了很大变化，高校院共青团建设面临许多新情况新问题。如，不完全学分制的实行、学生宿舍完全公寓化管理等，使团的

基层组织建设面临严峻考验。这就要求我们必须适应这些变化和要求，创建更为合理有效的工作机制和管理模式，切实为青年成长成才提供服务。

二、新形式下高校团建工作创新途径

（一）组织创新

当前，学院正处于趋于稳定与大力发展的关键时刻，我们也应该清醒地看到新的形式下学校青团工作还存在着一些差距和不足，所以要勇于走出一条组织建设的新路子。

1.积极探索新的共青团基层组织设置形式，实施"多种模式，多种覆盖"的工作思路

团组织要以有利于发挥团的作用为目标，把基层组织建设摆在突出位置，大力加强组织创新，推动基层组织建设在创新中得到巩固和加强，不断扩大团的基层组织的覆盖面。一是坚持党建带团建，不断深化和规范"五四红旗团委"和"五四红旗团支部"的建设。二是要拓展团建领域，按照"区域覆盖、条块结合、以块为主"的原则，加大团建力度，找准学院发展与青年需求之间的结合点，不但要建起来，而且要发挥更有效的作用。加大各班级团支部组织中的建团力度，根据各自专业特点建立健全团的组织。三是要创新组织设置形式。各二级学院还有各班级团支部要按照有利于联系团员青年，有利于增强内在活力，有利于整合工作力量的原则，采取灵活多样的形式，合理调整团的基层组织设置。

2.巩固和加强现有的班级团组织建设

高校院共青团工作是学校德育工作的重要组成部分，抓好团组织建设，有利于学校德育整体工作的开展，有利于全面推动素质教育的实施。在我们高校院以班级为为单位设立团组织仍是最主要的一个形式，因此，在班级管理中加强团组织建设，对于帮助学生树立正确的人生观、价值观，培养学生良好的思想道德品质是至关重要的。①班级团工作也要积极争取与班级导师和班主任的配合；②选拔好的团干部并注重培养；③实践入手，注重理论与实践相结合。

3.加强学院二级团组织建设

学院二级团组织的建设需要更加重视。二级学院有自己的党总支,学生的思想政治工作都是在党总支的指导下开展起来的。加强二级团组织建设更有利将团工作在学生当中深入开展,让每个思政工作者都参与到团工作中,不仅有利于学生校园文化的开展更能让团工作得到多方面的支持,收到更佳的效果!

4.加强学生会和学生社团的建设

学生会作为一个由学生自治的社会组织,其自身建设至关重要,而学生会自身建设的关键,是学生干部队伍的建设。因此,切实加强学生会自身建设,就得从学生干部队伍入手,培养和造就一支高素质的学生干部队伍,承担领导学生开展丰富多彩且具有创新意义的实践活动的责任,才可为学生会稳定健康发展提供坚实可靠的组织保证。学生会是参与学校管理、校园建设和提高校风建设的重要基层组织,努力加强自身建设,促进和履行本部门职能的规范化和制度化,就需要从以下几个方面着手:①认真组织学习理论,接受培训;②切实加强内部建设,充分发挥六种力量的作用;③统一思想认识,加强经验交流。

(二)坚持制度创新,以人为本,积极引导学生适应新的管理制度,促进特色人才培养

1.以制度创新为保障,培养有特色人才

当代的大学生由教育福利的受益者变成了教育消费者,使得学生的教育主体地位进一步增强,对学校的学习、生活、成长环境、就业服务等有了新的更高的期望和要求;学生就业的市场化,客观上也要求共青团组织拿出新的、有效的凝聚学生和服务学生的手段和方法。要适应教育创新要求,培养出一批批有特色的人才,团组织一定要以自身的工作制度创新作为重点,构建适应教育创新的"一体两翼"的组织体系和工作运行格局。"一体两翼"是指以共青团组织为主体,以学生会组织、学生社团组织为两翼。这种工作运行格局,是把学校共青团建设和学生会组织、学生社团建设通盘考虑,从而延伸团工作手臂,扩大团工作覆盖面,增强新时期学校团组织对青年学生

的凝聚力，提高团工作的生机与活力，确保学校学生会、学生社团组织正确的工作方向。

2. 创新以学生为主体，以教师为主导的运行机制，不断拓展团工作职能

面对时代的发展、社会的进步和青年学生对自身多元追求的需要，学校共青团工作要主动适应形势发展，创新以学生为主体、教师为主导的运行机制。这个机制体现在：①尊重学生兴趣选择，正确引导学生的个性发展。在高校，与先前的教育模式最大的区别在于其创造力、行为力和意志力的获得和进一步加强。共青团组织的有专业特色的活动比之前传统的单纯的思想政治教育更能吸引学生的兴趣，被吸引然后参与，参与才有可能达到教育的目的。以学生为主体，就必须尊重学生的兴趣选择，正确引导学生的个性发展。②以教师为主导，利用教师的人格魅力，教会学生更好地做人、做事、做学问，发挥教师的专业水平，拓宽知识传授的空间。教师将专业教学内容融入共青团工作，能更好地强化共青团工作的育人功能，拓展第二课堂的内容，激发青年学生对专业的热爱，引导青年学生重视为社会服务的专业技能的学习。

（三）工作创新，增强团组织的凝聚力和号召力

1. 加强学风建设，营造浓厚的学习氛围

激发学生的学习主动性，在潜移默化的过程中达到教育目的。以共青团活动形式开展学生的第二课堂，能在很大程度上担负起引导学生积极向上、培养浓厚的学习兴趣、树立正确的学习态度、养成良好的学习方法的任务。第二课堂为学生拓宽知识面，完善知识结构，提高学术科技水平提供了良好的场所，是学生成长成才的重要载体，通过形式多样的活动，吸引学生积极参与，形成信息全面、交流通畅、竞争合理的氛围，积极创造条件，努力把学生真正培养成专业知识扎实、竞争能力强、综合素质高的优秀人才。

2. 加强校园文化建设，丰富学生课余文化生活

高校作为高等教育的组成部分，其校园文化具有高等学校校园文化所共有的特征。高校校园文化建设又具有自身的鲜明特色。

一是以"专业性"引导学生理想。高校的学生在思想上同样趋于定型阶段，校园文化建设应突出鲜明的专业特色，营造巩固和发展学生的专业思想，使

学生牢固树立"学好专业技术，振兴地方经济"的职业理想。

二是以"实践性"实现培养目标。高校的校园文化建设要始终紧贴人才培养目标，既服务于教育教学活动，又要为开展生产实习、经营服务、社会实践等各项活动创造条件，并把文化和实践贯穿于学校教育之中。只有这种校园文化"熏陶"下的学生才能贴近市场。

三是以"竞争性"培育过硬人才。政府明确指出职业教育就是就业教育，培养与市场对接的应用型人才更要注重其竞争能力。随着社会主义市场经济体制的日臻完善和人才劳务市场的成熟，高校学生拥有了越来越多的机会直接参与市场竞争。

四是以"社会性"接轨需求市场。职业技术教育是一种社会现象，与各地区社会经济发展现状密切相关。高校只有在校园文化建设中融合企业文化、农村文化、社会文化等，让学生在这种鲜明的社会大文化熏陶下，"内化"出适应企业需要的素质，才可能"生产"出在文化上与市场"零距离"的"产品"。

五是以"开放性"指导长远建设。开放是人们思想发展和社会进步的必然要求。科学技术不断发展，高校教育教学内容也不断更新，引发校园文化建设不断调整；随着社会的不断进步，开放的思想观念和文化也涌进了校园，使高校校园文化具有了更强的开放性。

3. 积极配合党组织的工作

对应党员的发展工作，实施团组织的"两引靠、两推荐"活动。为党组织输送新鲜血液始终是共青团组织的重要而基本的任务。多年来，各级团的组织始终坚持开展"两引靠、两推荐"活动，即引导团青年向党组织靠拢，引导青年向团组织靠拢，加速团青年素质的提高。我们以党章、团章学习小组为中心，突出青年入党入团阵地建设；以新经济组织为突破口，降低团员发展入党推荐的"空白点"；以一线、一流团干部为重点，切实提高学生党员比例，进一步推进推优入党工作；以制度建设为核心，明确党团"引靠"工作规范；以"党团"结对为载体，提高工作的有效率与覆盖面，从而保持了学生党员比例占 5% 以上。

4.以"大学生素质拓展计划"为主线，适应教育创新的要求

"大学生素质拓展计划"以开发大学生人力资源为着力点，进一步整合并深化教学主渠道外有助于学生提高综合素质的各种活动和工作项目，在"思想政治与道德素养"、"社会实践与志愿服务"、"科技学术与创新创业"、"文体艺术与身心发展"、"社团活动与社会工作"、"技能培训"六个方面引导广大学生完善智能结构，帮助同学们全面成长成才的素质教育工程。实施"大学生素质拓展计划"是服务于经济社会发展的需要，是服务于素质教育的需要，是服务于青年学生成长成才的需要。"大学生素质拓展计划"是在鼓励大学生参加课外实践活动的基础上，锻炼大学生的综合能力。它有利于形成大学生自觉参与素质教育的积极导向；有利于动员社会资源服务大学生素质教育；有利于增强大学生自主创业、就业的意识和能力。实施这一计划，使大学生的素质教育更加扎实、有效，并落到实处，也能更加迅速地适应我学院教育创新的要求。

第三节 高校学生社会实践

社会实践是青年学生按照学校培养目标的要求，利用节假日等课余时间参与社会政治、经济、文化生活的教育活动。

一、高校学生社会实践的功能与特点

（一）功能

高校的培养目标是培养社会主义事业的建设者和接班人，高校以培养应用型人才为根本。这样的人才要有坚定正确的政治方向，要有一定的专业文化知识，更要有劳动的观念和实际的动手能力。所以，高校对学生的培养过程更加注重实践环节，社会实践正是这个实践环节的加强和有力补充。其次，社会实践也是大学生认识社会和深入开展大学生思政教育的有效途径。

（二）特点

第一，社会实践是一种教育活动。高校的培养目标决定了培养方式十分注重实践环节，注重学生的动手能力和实际解决问题的能力培养。社会实践

通过学生参与社会生活，使学生对国情的感性认识更加丰富，对社会的了解更加深入，在接触实际的过程中巩固和深化课堂所学的知识，锻炼和增强解决实际问题的能力。

第二，社会实践是在组织学生参与社会生活的过程中达到教育的目的，是以学生亲自参与为主要教育途径的特殊教育形式。社会实践的目的是使学生在实践中受到教育，增长知识和才干。学生离开了对社会生活的亲身参与，实践就失去了它的意义，所以必须使学生积极地参加到社会的政治、经济、文化生活中去，而不是作为社会生活的旁观者。

第三，社会实践是在课余时间进行的特殊教育，是教育实践环节的必要补充。高校注重实践，但教学计划内安排的实践教学环节有限；其次，社会实践活动的内容、方法、途径也和教学计划内的实习不同，具有特殊性。

第四，社会实践也是大学生回报社会的有效途径。通过去贫困地区支教到社会主义新农村调研，走进社区及志愿者活动等社会实践活动加强了学生和社会的联系，加深了对国情的了解，也深化了课堂知识，对认识自身的价值、树立正确的价值观、人生观都有一定的意义，同时也通过实践用自己的方式回报了社会。

二、高校学生社会实践的原则与模式

（一）原则

理论联系实际是我党的优良传统和作风，教育和生产劳动、社会实践相结合是党的教育方针的重要内容，理论教育和实践教育相结合是思政教育的基本原则。大学生参加社会实践，了解社会、认识国情、增长才干、贡献社会、锻炼毅力、培养品格，对培养大学生成长成才有着重要意义。

社会实践的工作原则：第一，坚持育人为本，牢固树立实践育人的思想，把提高大学生思想政治素质作为首要任务。第二，坚持理论联系实际，课内与课外相结合，提高社会实践的针对性、实效性和吸引力、感染力。第三，坚持受教育、长才干、做贡献，保证大学生社会实践长期健康发展。第四，坚持整合资源，调动校内外各方面积极性，努力形成全社会支持大学生社会实践的良好局面。

（二）模式

1. 以教学实践、专业实习为主要内容的社会实践

把实践教学作为课堂教学的重要组成部分，使学生在参与实践教学的过程中，深刻体会蕴涵在各门课程中反映人类文明成果、弘扬民族精神、体现科学精神、揭示事物本质规律的内容，培养大学生的创新精神和实践能力。

2. 开展社会调查

围绕经济社会发展的重要问题，开展调查研究，提出解决问题的意见和建议，以实践报告的形式形成调研成果。

3. 开展生产劳动和社会服务

学校和社会创造条件，引导学生参加生产劳动，培养大学生的劳动观念和职业道德。倡导大学生参加志愿服务等公益活动，引导大学生运用所学知识和技能服务人民，奉献社会，培养为人民服务的道德观，弘扬社会主义道德风尚。

4. 开展创业设计规划和科技发明

引导大学生在社会实践中参与技术改造、工艺革新、先进技术传播，为社会经济发展献技出力，不断提高大学生的科学素养，培养良好的学术道德，弘扬求真务实、开拓创新的科学精神。鼓励大学生开展创业规划和实践，提高创业技能，缓解就业压力。

5. 开展勤工助学

鼓励大学生在完成学业的同时，积极参加勤工助学活动。通过参加勤工助学，学生不但取得合理的经济收入，还增进对社会和国情的了解，也锻炼了能力。

6. 开展"红色之旅"参观学习

充分发挥博物馆、纪念馆、展览馆、烈士陵园等爱国主义教育基地的教育作用。组织大学生到革命纪念地、改革开放前沿和经济社会发展成效显著的地方学习参观，了解中国革命、建设和改革开放的历史和成就，增强大学生对党的感情，对中国特色社会主义的热爱，激发他们全面建设小康社会、实现中华民族伟大复兴的责任感。

三、高校学生社会实践活动发展的方向

党的十三届四中全会以来，高校学生社会实践不断加强，取得了显著成效，已经成为高校思想政治教育的有效途径。但是，面对新形势、新任务、新情况、新变化，高校社会实践还存在一些薄弱环节，必须在巩固已有工作成果基础上，不断拓展社会服务的新领域、新载体、新形式，进一步加强和改进大学生社会实践，使之在大学生思想政治教育中发挥更加积极的作用。

一是探索建立社会实践与专业学习、服务社会、勤工助学、择业就业、创新创业相结合的管理体制。要把社会实践纳入学校教学计划，规定学时学分，对学生参加社会实践提出时间和任务要求，制定行之有效的考核办法和激励机制。如，把大学生社会实践作为对高等学校办学质量和水平评估考核的重要指标，纳入高等学校党的建设和教育教学评估体系。把学生参加社会实践的情况记入《大学生素质拓展证书》，定期评选表彰先进集体和个人。

二是建立多种形式的投入保障机制。对教学实践、专业实习、军政训练，在学校教学经费中作出安排，鼓励人人参加；对大的社会实践项目学校建立专项经费，并寻求地方政府力支持；对社会调查、生产劳动和社会服务、科技发明、勤工助学，大力提倡和引导大学生自愿参加，并寻求政府和社会各方面予以一定支持。

三是把大学生社会实践与教师社会实践结合起来，组织高校干部教师参加、指导社会实践。学校党政干部和共青团干部、思想政治理论课和哲学社会科学课教师、辅导员和班主任都应参加大学生社会实践活动。鼓励专业教师参与、指导大学生社会实践。

四是建立相对稳定的大学生社会实践基地。高校主动与城市社区、农村乡镇、爱国主义教育基地、企事业单位、部队、社会服务机构等联系，本着合作共建、双向受益的原则，从地方建设发展的实际需求和大学生锻炼成长的需要出发，建立多种形式的社会实践基地，力争每个学校、每个院系、每个专业都有相对固定的基地，长期坚持，使学生受锻炼。

四、高校共青团建设与社会实践的紧密结合

社会实践是青年学生走向社会，认识社会，了解社会，服务社会的重要

途径，青年学生只有经过社会这个大熔炉的锤炼才能不断地成熟起来。青年人需要社会实践，因为只有经历社会实践才能使我们真正体会到时代赋予我们青年学生的历史使命，才能唤起我们的主人翁意识；社会也需要青年人去实践，因为只有青年学子活跃的社会才是充满生机的社会，才是充满希望的社会。

（一）资源整合，拓宽社会实践渠道

学生要形成与社会相适应的有关知识、情感、态度、行为方式及思想观念、生活技能等，须经过社会实践的锻炼。学生作为社会实践的主体，通过积极参与实践，不仅能认识世界和自我，而且能不断完善自己的主观世界，增强自身的责任感。开发和利用社区教育资源，把学校教育与社区教育紧密结合，扩展教育范围，以增强德育效果是一条成功经验。因此，作为高校，要积极争取社区的大力支持，协同社区，建立建设好社区实践基地，使之系列化，优化学生成长的环境。我们能不能举办诸如"学生与他们一起生活一天"的活动等，让现在的独生子女体验家庭以外的实际生活，学会关心人，帮助人，尊重人，使学校教育延伸到家庭、社区。其它还可以有劳动基地，社会服务基地，休闲活动基地，健身基地（素质拓展中心），等等。既培养学生兴趣、专长，又培养能力、锻炼才干。

高校社会实践活动虽然开展的时间还不长，但它以知识为桥梁，把学校和社会、理论和实际、政治和业务、知识和能力有机联结起来，吸引和推动广大高校学生走上社会，以主人翁姿态投身于生机勃勃的社会经济和文化建设，增强了自觉适应四化和未来的需要，提高立志成才、全面发展的主动性和积极性，这一活动显示并将进一步显示出它的强大生命力。

（二）顺应共青团社会化趋势、深化社会实践

通过参加社会实践活动，广大学生接触社会、学习工农、了解我国现代化建设的进程及其对人才的迫切需求，提高了思想觉悟，增强了社会责任感，坚定了专业思想，激发了学习热情。他们在运用和深化书本知识的实践中，培养了综合能力、动手能力和创造能力，为改变高校学生中普遍存在的"分数低，动手能力强"、"书本知识实用，社会经验少"的倾向作了有益的探索。

他们努力为工农业生产建设部门排忧解难，把课堂知识、书本知识转化为实际技能，转化为现实的生产力，直接推动了经济的发展和技术的进步；同时，通过几种方式和途径广泛传播知识，普及社会教育，促进社会的知识化进程。团结和组织广大同学深入社会基层，积极开展科技、文化、卫生"三下乡"活动，为当地群众带去先进的文化知识和丰富多彩的文化生活。真正使社会实践社会化。事实证明，社会实践活动有利于学生在实践中学习共产主义，有利于培养四化和未来需要的新型人才，有利于学生参与社会生活、为四化做贡献，具有提高思想，丰富知识，增长才干，发挥作用的综合效益。

第九章 新媒体与大学生思想政治教育的创新

第一节 新媒体与新媒体时代概述

一、新媒体的概念

研究新媒体时代的特点，首先要弄明白一个问题：何为新媒体（New Media）？对于新媒体及其时代的界定，学者们可谓众说纷纭，各有道理，至今没有一个定论。新媒体是一个不断变化的概念。在今天网络基础上又有延伸，无线移动的问题，还有出现其他新的媒体形态，跟计算机相关的。这都可以说是新媒体。

新媒体是一个相对的概念，是区别于传统媒体提出的，它利用数字和网络技术、移动技术，通过互联网、无线通信网、卫星等渠道，以及电脑、手机、数字电视机终端等，向用户提供信息、娱乐服务的传播形态和媒体形态，是在传统媒体（广播、电视、报纸、杂志等）之后发展起来的一种新的媒体形态。严格意义来说，新媒体是数字化媒体，在当下的科技水平下，手机等便捷的通信方式发展很快，而互联网是其主体。

网络的概念内含新媒体的概念，人们对"新媒体"的认识是逐步实现的。随着网络、手机、移动电视的出现"新媒体"的概念开始使用。人们对新媒体的认识随着研究的不断深入而逐渐深化，徐振祥认为，新媒体的数字技术特征包括以数字的方式展示、模块化和自动化、可变性和转编码性，及开放性和交互性、个性化和虚拟化的特点。新媒体是新的技术支撑体系下出现的媒体形态，如，数字杂志、数字报纸、数字广播、手机短信、移动电视、网络、桌面视窗、数字电视、数字电影、触摸媒体等形式。新媒体不仅是新技术的罗列，更是建立在网络技术之上的广泛传播信息的一个平台。从"网络"到"新技术"再到"平台"的概念，说明研究者对"新媒体"概念的认识正在逐步深化，并逐渐开始触碰新媒体概念的核心与新媒体环境生成的要旨，研究视野变得越来越开阔。

二、新媒体的特点

由上述新媒体的概念可知，相对传统媒体如报纸、杂志等而言，新媒体是一个动态的、不断发展变化的媒体形式。它与时代发展的主流相互融合，与社会环境相互交织在一起，在当今时代逐步形成了一些新特点，同时促进了新媒体自身的发展与创新。

（一）即时性

新媒体在信息发布过程中，其流程短，受制约的因素很少，因此信息传播过程迅速、便捷、灵活，发布的信息就拥有很强的即时性与时效性。手机媒体因其打破了地域、时间、空间及电脑终端设备的限制，即时性和实效性得到更好的体现，人们随时随地、随心所欲地传递各种信息的愿望得以实现，另外，覆盖全球的通信网络使得我们可以在任何时间、任何地点编发短信息，即使对方当时处于关机状态，也可以在手机开机后立即收到信息。这些特点均是传统的电视和报纸等媒体形式根本就无法达到的速度和即时性。手机本身小巧玲珑，并可以随身携带；同时，手机与网络等新媒体都兼具纸质媒体（传统媒体，如报纸、杂志、期刊等）的特性，信息可以随时随地被反复地观看而不受时间的限制，这大大提高了信息的即时传递率，从而确保了新媒体即时性的特点。

（二）互动性

与传统媒体相比，新媒体具有人际传播与大众传播的双重功能，具有更强的参与性与互动性。在新媒体这一载体的环境下传播信息，个人既是信息的传输者，同时又是信息的接收者。在信息的传播过程中，个人既是信息的加工者，同时也是信息的传播者，还能够根据反馈的变化信息及时进行调整和改进。例如，一场足球赛，由于观众所支持的球队不同，关注球赛时他所注入的个人感情就不同，在向别人传递该项赛事的过程中，必然会自觉或者不自觉地融入一些个人因素。因此，个人变成了信息的加工者，同时再向别人传递该比赛的信息，他同时又是信息的传播者。此外，微博互动平台已经成为各项大赛赛事的一大亮点，比赛过程中人们可以在互动平台上发表个人意见，选择自己所支持的球队、球员等活动，充分诠释了新媒体所带来的巨大优势。而这些特点是如广播、报纸、电视等传统媒体所不具备的特性。

（三）开放性

传统媒体的开放性特点并不突出，人们大多以接收者的姿态去聆听广播、报纸、电视等媒体形式传播的信息。而随着新媒体的出现，信息主体的话语权随之而转移，信息发布的权威性格局被打破。人们可以自由地表达自己的观点，从严肃的国家大事，到日常生活的家长里短，拿别人说长道短、调侃，从问候祝福再到笑话，新媒体平台上的信息内容真可谓包罗万象、应有尽有。短信、微博互动平台更是一个让大家畅所欲言的信息平台，这里包含的信息量更为开放与宽广，因此可以说，新媒体是产生于后现代文化语境之下的现代社会的流行文化、大众文化、社会生活文化的最佳载体。它打破了传统的精英文化和大众文化的界限，使得高雅文化与低俗文化之间可以自由地共处，既体现出了新媒体背景下文化的复杂多元与巨大的包容性，又充分诠释了新媒体具有开放性特点这一论断。

（四）个性化

新媒体是一种个性化很强的新的媒体形式。与传统报纸、广播等媒体的循规蹈矩不同，无论是新媒体信息的选择与消费，还是信息的制作、加工与传播，都展现出了浓厚的个性化色彩。人们可以打电话报平安，也可以发短信送祝福，可以发微博晒自己的结婚照，也可以发微信朋友圈晒自己的生活片段，用QQ与朋友聊天联络感情、用微信与陌生人畅谈人生……互联网的快捷、手机网络的便捷、微博的随时随地、论坛的惕所欲言、短信互动平台的欢快和谐等特点，充分诠释了新媒体的个性化特点。这些个性化的特征，不但证明新媒体的特性，更表明新媒体在当今时代的影响下，已经逐步适应了社会发展的需求。这种符合时代潮流的新生事物往往很容易成为年轻一代互相追捧的对象。在他们看来，这是一种高雅的时尚。这种不断推陈出新的表现方式，充分迎合了当今时代的大学生们追求时髦、追求个性张扬、不甘传统形式的心理需要，成为年轻人中最普遍、最流行的交流方式。新媒体个性化的特点，是传统媒体所无法企及的一个高度。

（五）聚合性

新媒体兼备聚合性的特点。如，手机 QQ、微信、微博的互动、转发功能、各类网站的专题链接功能等，使新媒体时代的信息传送具有了聚合、聚焦的特性。人们为了追求更好的表达效果，原本短短的几十个字的一条信息，通常会用到如类比、夸张、双关、反语、比喻、排比、顶真、回环等各种修辞手法。此外，英文字母、标点、数字、图形、图像等各种符号也被作者广泛开发来加以利用，再时不时地插入一些动画、声音、照片、图像、滑稽的头像等内容，更使得原本很简短单一的短信息，变得表意更为丰富、更为简洁、更加耐人寻味的新形象下的信息，使得常规的信息成了经过"包装"的、寓意丰富的、科技含量高的新媒体式的信息。传统媒体如报纸、杂志，在向人们传送信息时，最多附有图片，不可能兼备动画、配音等综合效果。这便是新媒体所具有的聚合性特点的优势之所在。

（六）广泛性

作为一种大众化的传播方式，新媒体技术门槛很低，儿乎任何使用它的用户都能够轻易地实现传播的功能。新媒体传播的分散性、大众化、广泛性，达到了目前其他传播媒介无法企及的高度。无论你在哪个新闻网站阅读新闻，你所看到的与你所要看的新闻相关的信息链接都非常丰富及广泛。如网上搜索一个名人，关于他的家庭、教育、背景，从事的行业，取得的成就，近期与他相关的任何信息，甚至一些八卦消息、个人隐私等相关内容，无一不有。网络上查看一则新闻，若该新闻中提及一些专有名词，这些名词都有其他链接，打开链接，你可以查看到和这则新闻甚至是毫不相干的内容，新媒体的广泛性由此可见一斑。因此，不论从信息的深度、广度、发散度中的任何一个角度来说，新媒体都远远胜过了其他传统媒体。而这也从另一个角度证实了新媒体是随着时代的发展而不断变化、不断进步的。

三、新媒体时代的特点

迄今为止，媒体的发展大致经历了精英媒体、大众媒体、个人媒体三个阶段。这三个阶段也分别代表着传播发展的农业时代、工业时代和信息时代。互联网高速发展的今天，新媒体以个人为中心，已经从边缘走向主流，从这个角度来说，新媒体时代已经到来。

从媒体发生和发展的过程中，我们可以看到新媒体是伴随着媒体发生和发展在不断变化的。广播相对报纸是新媒体，电视相对广播是新媒体，网络相对电视是新媒体。科学技术在发展，媒体形态在发展，同样时代也在发展，结合新媒体，处于新时代，共同构造了新媒体时代。

由此看来，在互联网高速发展的今天，拥有以个人为中心的新媒体，利用新媒体的特点、特性而进行传播信息的当今时代即可称为新媒体时代。作为新媒体技术的一个环境因素，并且作为一种伴随着媒体的发生与发展而在不断发展、不断变化的新媒体时代，它拥有诸多特点。

（一）信息内容的丰富性

新媒体时代，通过新媒体技术，新媒体承载和传播的信息流特别庞大。手机短信、微博平台等网络传播的信息，在以下几个方面都充分体现出其丰富性。从表现形式上看，有相对静态的文字信息和动态的画面信息，还有立体的声音信息等内容。从信息来源上看，有政府的官方正式通知、公告，集体或个人的合法官网等类型的合法信息；也有虚假广告、色情网站、诈骗信息和非法传销等信息；同时也有中性信息，如，风土人情介绍、无伤大雅的八卦消息，休闲娱乐的游戏等信息。就信息内容本身来说，有影视作品、学术研究专著、文学作品和个人言论等。由上可见，新媒体时代信息内容是极其丰富的，这也是新媒体时代的一个显著特征。

（二）信息检索的便捷性

社会在进步，科技在发展，网络硬件软件技术都得到极大提升，服务器的速度也极大提高，使得信息的流动和储存能力惊人地加大。同时，信息检索工具的开发与利用，使得信息传输、检索和查阅变得轻松便捷。根据自己的需求，人们通过网络可以检索到大量的信息，包括文本和非文本的信息，还可以利用相关的软件对检索的信息快速地进行再利用，极大地方便了人类的学习和生活。举一个简单的例子，在通信技术不太发达的时代，当人们进入一个陌生的环境里，如果对当地的路况不熟悉，只能找当地人问路；而在新媒体时代，在互联网上不但能够十分便捷地搜索到全国各地区的地图，可以一目了然地查看自己的目的地，还能将搜索结果保存下来，以便随时查看、传输或者直接打印出来，非常方便，，这是新媒体时代与社会生活之间的关系特性。

（三）信息形式的多样性

新媒体时代，信息的形式有了更丰富的发展。社会的发展依托于科技的支撑，科技的快速发展，使得各种电子设备快速地更新换代，使新媒体的载体功能得到不断开发与拓展。目前，手机打破了以往时空的限制，较之电脑更便于携带，沟通更为便捷。通过短信，人们可以发送文字信息、语音留言，微信的流行更方便了手机的沟通。现在，人们也可以通过网络进行各方面的交流，用文字、语音甚至视频进行聊天，通过电话会议、网络视频会议实现遥控业务的处理；同时，在言论自由的当下，人们也可以通过各种平台获取信息，发表见解、阐述观点、表达意愿，从而便捷地实现公民的舆论监督权利。总之，在新媒体时代，以写信（纸质信件）、发电报等传递信息的方式已基本被取代，新媒体可以对各种信息进行多种方式的传送，而且其传播形式越来越复杂多样，也越来越适合当代人们的主流追求，越来越适应当今时代发展的需要。

（四）信息来源的隐蔽性

目前，网络成为人们生活中不可或缺的工具，手机的普及，以网络为基础的各种交流方式已成为公众信息交流的平台。但这些平台传播信息较为开放，人们可以隐身，甚至匿名，而有特殊目的的人甚至可以化名进行信息的编辑和发表，而达到自己的目的。因无法考证这些信息的确切出处，造成信息的隐蔽性。虽然国家相关部门对网络犯罪和网络管理加强了打击力度和监管力度，例如，实行网上监督、实名登记注册等举措，但还是存在很多漏洞。很多不法商贩为了利益还是出售无实名登记的手机卡；一些不法分子伪造身份信息上网、购卡，开展不法活动，造成网络信息的虚假和不对称，给国家的监管造成困难，也给新媒体本身带来恶劣的影响。当前，很多网络犯罪因其信息来源隐蔽性的特点而不得解决，使很多大学生的家长谈网变色。新媒体时代信息来源的隐蔽性特点，为新媒体时代本身造成负面影响。目前很多以微信、QQ消息形式的诈骗案仍频繁发牛，就是与网络信息来源的隐蔽性有着直接的关系。

（五）信息价值的多重性

以新媒体形式传播的信息，因为接收者不同，因此信息的价值会有较大的不同。对于不同受众的主体来说，有的信息没有任何意义，有的信息反而带来负面的影响。例如，对于有不法企图的人和普通民众来说，同样的公开信息，可能产生有用和有害两种效果。通过一分为二的观点看侍这样的事实，同样的信息，因接收者的不同，甚至因接收者的目的不同，都会产生不同的信息价值。有的信息，在一般人眼中毫无价值，但被居心叵测的人利用就成了有害的信息。同时，我们往往很难凭借个人经验去判断信息的真伪，而因为信息量大、时效性差、成本高等问题，我们要通过正规途径去确认信息的真伪，也不现实。因此，同样的信息含量，仅仅因为其传播的途径，信息操纵者和接收者的个人价值观不同，就能使信息价值具有多重性，而这也是新媒体时代的一个显著特点。

综上所述，新媒体时代的特点与当今时代的信息是息息相关的。因而，新媒体时代，可以说也是一个信息化的时代。信息的时代特征，代表了新媒体时代的特点。拥有及时的信息，就等于拥有了市场和核心竞争力。新媒体时代的特征，造就了当今社会的信息瞬息万变；而多样性、快捷性的信息化社会，又反过来影响了新媒体时代的时代特征与发展进程。具体到大学生思想政治教育，我们要把握好新媒体时代的特点，创造良好的教育环境，充分利用其时代特点，为当代的大学生思想政治教育创新服务，将当代的大学生思想政治教育与新媒体时代的特点结合起来，使之协调发展、共同进步。

第二节 新媒体时代对大学生思想政治教育的机遇与挑战

在新媒体时代，互联网络以前所未有的速度向社会的各个领域延伸，而高校校园已成为我国互联网用户最密集的区域之一，网络所传递的信息对大学生政治思想、情感、品质、心理的影响日益深远。这种影响是极其复杂的，既有积极的正面影响，也有不可忽视的消极影响。相应地，网络的迅速发展既带来大学生思想政治教育的新机遇，同时也给传统的思想政治教育方法及内容提出了严峻的新挑战。主要是：大学生思想政治教育主体问题、教育方式问题、教育内容问题、教育创新问题等，因此，我们要全面地分析新媒体时代对大学生思想政治教育的影响，积极探讨大学生思想政治教育的对策创新，抓住新媒体为大学生思想政治教育带来的机遇，积极应对它所带来的新挑战，努力提高当代大学生思想政治教育水平。随着互联网应用的迅速普及，以网络参与为代表的新媒体已经影响了当代大学生学习、生活及思想行为的方方面面。那么，大学生自己对此又是如何认识的呢？相关调查研究结果表明：在新媒体时代，大学生对网络媒体为其所带来的影响持肯定态度者为多数；但其负面影响也是客观存在的，不容忽视。

一、迎来新机遇

（一）拓展了教育的形式

长期以来，高校开展大学生思想政治教育的基本形式是以课堂教学为主，辅助以座谈、讨论、谈心、社会实践等，这在时空上存在很大的局限性与限制性。在新媒体时代，思想政治教育可以不受以往的那些局限性和限制性，而是突破了这些不足，通过专门的网络资源，如网站和网页、视频或信息报道等链接到互联网上，这样，教育者就可以方便快捷地提供大学生上网浏览、阅读大量的信息；为了帮助大学生形成正确的思想意识，可以在网上尽量多地发布正面信息，感染、鼓励大学生，进而达到引导的目的；通过网络还能便捷地交流，及时掌握大学生的思想状况，便于调查和统计；随着网络和移动设备的普及，基于此的交流打破了时空的限制，即时的学习交流和讨论时事，丰富了学习和生活的内容，也更有利。情感的建立。信息的集成性和双向性，信息的可选择性和便捷性是网络所特有的，高校思想政治教育工作与之相结合，就为大学生的思想政治教育提供了一个极具特色的环境；手机、通信的及时快捷也为教育提供了更多的形式和方法，从而让传统的教育形式变得更为多样化、更为合理性、更为快捷性。因此，借助新媒体技术，必将有力地丰富大学生思想政治教育的形式，增强大学生思想政治教育的实效性。

（二）丰富了教育的内容

以网络为代表的新媒体是当代大学生思想政治教育的一种新的载体形式，丰富了思想政治教育的内容，拓宽了思想政治教育的途径，使传统的大学生思想政治教育内容的定义发生了改变。首先，网络是信息量大、覆盖而广的新媒体，使思想政治教育的内容更丰富多彩，也使教育者和被教育者都有了很好的选择性。通过一根网线，一个电脑终端，就能达到不出门而知天下事的理想效果，更能通过形象的、直观的、生动的动态信息调动并激发学生的好奇心和强烈的求知欲，达到更好的信息收集和传达、接收和吸收的效果。其次，新媒体也提升了教育者的学识，教育者也是互联网、手机、多媒体技术等的受益者，便于他们以丰富而令而的知识来承载内在的思想政治教育内容。思想政治教育网站能够提供全新的、更具有针对性的关于大学生思想政治教育方面的信息，对思想政治教育者和受教育者均具有十分强烈的吸引力，不论从内容上，或者是形式上，新媒体都能使传统的思想政治教育内容更加丰富。

（三）促进了教育的互动

在网络交往中，交往对象的社会角色往往都是虚拟的，交往对象之间不存在什么心理上的负担。角色虚拟使交往者能够保持相对平等的心态；无直接利害关系冲突的交往位置，有利于交流的双方建立宽松的人际关系，因此，在思想感情的传达上，交往者可以直抒胸臆，容易达到思想上的共鸣，并触及交流的较深层次。同时，网络上的角色也是可以变换的，在浏览网页、选择及吸收各种思想政治教育信息时，参与者是以受教育者的身份出现的，而在参与网络上的各种信息的制作、发布等网络实践活动中，交流者将自己的思想、观点、看法及信息传播出去的同时，参与者就又成了教育者，因此，依托以网络为主的新媒体在实施思想政治教育时，教育者与受教育者双方都能较好地发挥其主体性。这样便十分有利于教育的互动。

（四）提高了教育的效率

传统的媒体信息传递的速度较慢，思想政治教育的内容不能及时有效地传送给受教育者，导致教育的效率不高。而新媒体如网络、手机短信、手机网络等形式在信息传播方面就显得十分迅速，使用者可以在任何时间甚至任何地点内接受、浏览及查看任何有益的信息、关于思想政治教育的信息，而教育者同样可以以此方式及时地把思想政治教育的内容传送到每一位受教育者的手中；例如可以把大学生思想政治教育理论课的课件、讲义、案例分析、讨论题等发布到校园网上、班级 QQ 群里、校园 BBS 或微群组上等，让教师与学生们展开讨论，从而使思想政治教育课程的思想、内容从课堂上延伸到网络内，从课内延伸到课外，调动学生学习思想政治理论的积极性，增强教学效果。此外，大学生思想政治教育的专门网站还能够实现信息内容在组织上的超文本链接功能，在阅读电子化的理论著作中，任何一个概念、一个事件、一个人物、一部著作等都可以通过超文本链接而及时找到与之相对的非常详细的资料，供学生参考，满足学生在学习过程中查阅资料的需要。这不仅极大地提高了大学生思想政治教育理论学习的效率，而且还增强了思想政治教育理论学习的全面性、综合性及现代性。

二、面临新挑战

在新媒体飞速发展的崭新时代，当代高校大学生思想政治教育面临的机遇与挑战并重，以信息技术为依托，新媒体的进步全面推动了政治、经济、社会、文化等领域的纵深发展，但同时也为当代高校大学生思想政治教育带来一系列严峻挑战。作为新媒体强有力代表的互联网，是 20 世纪人类最伟大的科技发明之一。在我们享受着巨大力量和方便快捷的同时，也引发了诸多社会问题。

（一）新媒体给大学生思想政治教育增添了难度

大学生思想政治教育的内容包括世界观、人生观、价值观及政治、道德与法制观念的教育。当前大学生思想政治教育的主要任务之一便是"以理想信念教育为核心，深入进行树立正确的世界观、人生观和价值观教育"，而新媒体时代下，校园信息传播失去了时间空间的屏障，信息使用发布的自由化程度加深，这便给了诸多腐朽落后的非主流思想文化以可乘之机，这些思想文化打着反马列主义、反社会主义的旗号，利用新媒体的平台疯狂传播，妄图扭曲大学生的三观，给当前大学生思想政治教育带来许多严峻的新挑战。透过新媒体传播的消极信息复杂多变，可控性较弱，极易对大学生的道德认知及理想观念进行渗透，并由此令高校思想政治教育的许多前期工作劳而无功。从火星文到脑残体、从非主流到恶搞风潮，消极的新媒体信息一次又一次地冲击着大学生的道德与心灵，一次又一次地将大学生推向虚拟王国的狂欢毒池。新媒体信息传播的负面影响的滋生，不仅提升了思想政治教育导引工作的难度，同时也抵消了传统思想政治教育的部分效果，从而给高校思想政治教育者敲响了警笛。

（二）新媒体容易引发大学生人际信任危机及人格障碍

手机短信、互联网、移动电视、数字广播等新媒体形式都带有很强的互动性与虚拟性，在新媒体的平台上，大学生们以"隐姓埋名"的方式进行交流，角色的虚拟性与交流的间接性使他们卸下责任感的负担，因而他们的言论也就无所禁忌，也无须为自己言论的真实性负责，更有甚者还不知所谓地对虚假言论给予了充分认可。虚拟世界的这种人际信任危机可能直接导致大学生在现实生活中的人际交往偏差，忽视自身真诚性，对他人真诚性产生质疑，从而阻滞其社会人际关系的良性发展。一旦大学生在新媒体平台上异于现实的表现得到固化，虚拟人格与现实人格频频更替，就可能引致心理危机，甚至引发双重或多重人格障碍。

（三）新媒体发展凸显现有思想政治教育的滞后性

当代大学生思想政治教育面临着崭新的新媒体时代背景，新媒体信息技术的迅猛发展，模糊了真实社会与虚拟社会的界限，过于直接的认知方式从根本上改变了人们的认知体系，青年大学生的独立性认知在不知不觉中被剥夺，他们被动地接受了"虚拟时空"形式的存在，并渐渐迷失了自我理性。然而，面对新媒体的这种挑战，现有大学生思想政治教育的发展速度却远远跟不上新媒体时代的步伐，由于相关理论实践研究缺乏前瞻性，当代大学生思想政治教育的教育环境、教育制度、教育理念、教育形式等维度已严重滞后，从而导致当代高校现有的思想政治教育形式已经受到严峻的挑战。

（四）新媒体对大学生思想政治教育者的媒体素养提出了时代要求

新媒体是大学校园信息化平台，大学生思想政治教育者不仅应对其熟悉掌握，还需懂得如何创新运用，因为这将直接关系到大学生在接受思想政治教育过程中对新媒体的了解、使用和发展。

新媒体时代的大学生对新生事物往往有着强烈的好奇心和天然的认同感，这使他们成了新媒体首批接收者、使用者及推广者，而思想政治教育者则相对处于信息天平的另一端，在过去较封闭的条件下，他们活动的范围有限，视野、思维难免局限于比较狭隘的时空。就当前的情况而言，他们对新鲜事物的敏锐性不够，缺乏新媒体技术意识，网络技术水平不足，观念更新略滞后于学生发展的需要，甚至部分教师对网络等的熟悉程度还不如学生。因此，高校迫切需要努力建设一支思想水平高、网络业务水平强、熟悉学生特点的网络教育者专业队伍。换言之，新媒体时代对思想政治教育者的媒体素养提出了全新要求，提高新媒体素养将是提升大学生思想政治教育水平关键要义。

第三节 新媒体时代大学生及其思想政治教育的现状

从特定意义上讲，互联网时代最能体现新媒体时代的时代性与现代性特征。大学生是中国互联网最大的网民群体，网络日益成为他们学习、交流、生活的重要组成部分，互联网环境从学习活动、社会交往和文化生活等各个方面对大学生的行为模式、价值取向、政治态度、心理发展、道德观念产生着潜移默化的影响。

新媒体时代，大学生已经成为互联网使用的主力军；而校园网络媒介也已经是当今时代学生们学习的一种重要工具，网络已经成为大学生学习、交流、生活及成长的重要组成部分。

高等学校要主动占领网络思想政治教育新阵地。要全面加强校园网的建设，使网络成为弘扬主旋律、开展思想政治教育的重要手段。要利用校园网为大学生学习、生活提供服务，对大学生进行教育和引导，不断拓展大学生思想政治教育的渠道和空间。要建设好融思想性、知识性、趣味性、服务性于一体的主题教育网站和网页，积极开展生动活泼的网络思想政治教育活动，形成网上网下思想政治教育的合力。要密切关注网上动态，了解大学生思想状况，加强同大学生的沟通与交流，及时回答和解决大学生提出的问题。要运用技术、行政和法律手段，加强校园网的管理，严防各种有害信息在网上传播。加强网络思想政治教育队伍建设，形成网络思想政治教育工作体系，牢牢把握网络思想政治教育主动权。因此，深入研究和把握信息网络条件下大学生思想政治教育的现状，主动分析形成这一现状的原因，是当前加强和改进大学生思想政治教育的一个重要方面。

一、思想状况

新媒体时代大学生的思想状况、思维方式及行为举止等均深深地烙上了时代的印迹。一方面，互联网作为当代大学生社会交往、学习、生活的主要方式已是不容争辩的事实，由此而带来的积极的、消极的各种因素也佳时刻影响大学生的思想状况及行为举止；另一方面，新媒体时代信息传播迅速，大学生接收信息的途径多种多样，而缺乏足够辨别是非能力、不能正确树立价值观的大学生极易受到当今社会上各类信息的影响，从而左右个人的思想和行为。

（一）追求自由个性

当代的大学生，年龄接近"00后"或者是"00后"的居多，他们这一代是个性最为张扬的一代，也是自由意识最为突出的一代，而新媒体拥有海量信息，大学生可以不受时空限制，根据自我喜好自由选择想要的信息。此外，大学生不仅是信息的输入者，而且还是信息的输出者，在新媒体的虚拟平台上，他们自由参与信息的传播，收获了在现实世界中无法获得的言论自由表达机会，得到在现实世界中所无法获得的所谓的"理解"与"信任"，促使他们十分依赖新媒体，特别是随着网络聊天及移动互联网通信的普及，新媒体或显性或隐性地影响当代大学生自由个性的形成与发展已是一个显著的现实；另外，由于对新媒体的依赖逐渐转变为信任，这反而更加刺激了当代大学生对自由个性的认可与追求，最终造成当代大学生追求自由个性这样一个明显的思想状况。这也是新媒体对大学生思想方面最为明显的影响。

（二）重视虚拟沟通

从概念上理解，新媒体跨越时空界限，已成了一个自成体系的虚拟媒体空间，因此，广大受众的生活中便存在现实与虚拟这两种生存空间。论坛、邮箱、QQ、微博、微信等新媒体形式为当前大学生的人际交往带来更为便利、轻松的手段和途径。在新媒体的虚拟媒体空间中，多方的交流往往是匿名的，因此便有效减少了其他社会或个体的干扰，对个人言论自由及隐私的保护起到一定作用，在一定程度上打消了人们的思想顾虑，从而也有利于更好地传递思想交流情感。因此，网络成了大学生表达所思所想和倾诉自我心声的理想平台，他们渴望通过即时的交流来充分表达自己的意愿和想法，获得他人的认可和尊重，同时希望与思想政治教育者尤其辅导员老师和学校管理层平等对话，解决自身面临的实际问题。因此，重视虚拟沟通已经是新媒体时代的一个现状。

（三）价值观念趋于多元化

新媒体诞生发展后，校园信息化在一定程度上处于一种时间空间无屏障的状态，信息的发布和运用较之以往更加自由，存在较大的不确定性和不可控性，一些腐朽落后乃至违背社会公德的信息大肆传播。由于大学生的价值观体系尚未完全成熟，缺乏理性判断能力，因此，一旦有来自外界消极信息的干扰乃至渗透，一部分大学生便容易出现主流价值观混乱、价值观主体自由化、理想信念倒退等问题，从而使得高校思想政治教育的前期效果无功而返。大学时期正值人生观、价值观形成的关键时期，其思想的可塑性很强，新媒体信息来源的多元化，打破了传统媒体时代大多由老师、家长及主导媒体的话语权威，形成了大学生价值选择的多元化特征。因此，在新媒体环境下，大学生价值观的形成较传统媒体条件下会更加复杂，这也给高校大学生思想政治教育带来困难与挑战。

二、存在问题

新媒体时代下，当今社会环境因素与新媒体技术的双重影响，造就了当代大学生思想政治教育存在一些问题，主要体现在教育内容不具备针对性、教育载体滞后及教育主体的优势地位受到挑战等方面。

（一）教育内容缺乏针对性

传统的大学生思想政治教育与大学生思想实际不贴近，在紧扣大学生生活学习方面尚有欠缺，实效性及针对性匮乏，感召力和吸引力也不强。长期以来，思想政治教育工作习惯于提要求和灌输，但从学生思想实际和学习生活实际出发解决问题比较欠缺。当代大学生面临学习、心理、权益、就业等诸多问题，相当多的学生承受着来自学习、就业、经济、人际交往等方面的压力，许多社会问题在他们身上也都有所反映，一些学生感到迷茫、压抑、焦虑，进而产生许多心理问题。故仅仅从思想方面提要求往往无助于解决一些具体问题，这使得学生感到思想政治教育工作不能适应当今社会的实际和大学生自身的实际。

在传统大学生思想政治教育中，由于教育对象的思想动态与新媒体时代具有显著的同步性，因此教育内容的单一性已完全不适应当代大学生追求自由与多样的时代需要。此外，面对虚拟空间中大学生层出不穷的新的心理问题，传统思想政治教育只是简单地搬用以往的教育内容和教育方式，并未能设计出更有针对性的新举措。由于当代的大学生是生活在新媒体时代这个大社会环境之中的，其所受到的教育自然要针对现实环境，顺应时代的需要，从而使学生具有明辨是非的能力，进而能适应现实社会的能力。而事实上由于种种原因，大学生思想政治教育的现状却并非如此。主要原因可归结于，传统思想政治教育在内容方面缺乏针对性，作为当代的思想政治教育者，理应在思想理念及教育水平两方面做到与时俱进，根据新媒体时代大学生新出现的思想状况及时调整教育内容，以提升教育的针对性和实效性。

（二）教育载体存在滞后性

传统的大学生思想政治教育载体主要包括课堂教学、班团活动、社会实践、校园文化、集体班会等活动，这在当时的时代背景下显现出了其实用性。但伴随新媒体技术的进步及广泛应用，许多思想政治教育者已尝试采用新媒体形式来展开对大学生思想政治教育的工作，例如，开设思想政治教育主题论坛，设立思想政治教育网络社区主页，开发移动互联网平台等，这些载体形式对促进大学生思想政治教育的发展起到一定作用，然而，许多高校思想政治教育的教育者、管理者的教育理念还偏于保守，偏爱的仍是思想政治教育的传统载体形式，他们习惯于使用传统教育手段，对新媒体技术发展的益处与前景认识不清，改革教育形式的自身动力不足，这便直接导致思想政治教育的载体实际上无法充分满足当代大学生的需求，教育载体存在明显的滞后性，这在一定程度上弱化了对当代大学生思想政治教育的实际效果。

（三）教育主体优势地位出现动摇

对于教育对象而言，传统的思想政治教育主体不仅具有其特色的理论优势，而且还富有历史、人文、社会等底蕴优势，教育者在多年知识信息积累的基础上，可以在教育过程中充分展现自我的教育魅力，也就是对。受教育者而言，他们是处于优势地位的。由于教育者对传统媒体占有量较多，他们可及时准确地把握社会经济、政治和文化动态，并结合思想政治理论教育，从而丰富教育形式，充实教育内容，提升思想政治教育的凝聚力和向心力，因此，传统思想政治教育是在教育主体和教育客体的知识信息不对称的基础上建立起来的。不过，新媒体打破了这种传统格局，在新媒体时代，海量的知识信息传播快捷，具有大众性特征，而大学生作为新媒体运用的主要力量，可以借助新媒体快速获得各类社会信息，甚至在某些方面比老师了解的还要多，从而改变了自身在传统教育中知识信息劣势的格局。导致教师在学生心目中的形象变得不再高大无比，其在学生心目中的优势地位也开始下滑，这便对传统思想政治教育者的主体地位带来挑战，从而使教育主体的优势地位出现动摇。

三、原因分析

结合理论研究及调研、分析实际情况可知，造成新媒体时代大学生思想政治教育现状的原因是多方面的。首先是新媒体时代的影响作用。其次，新媒体技术对原有信息载体技术的强有力冲击；最后，便是新媒体社会对大学生思想政治教育的综合作用，包括对教育主体的影响、社会环境对思想政治教育的影响等方面。

（一）新媒体时代的影响

新媒体时代对大学生思想政治教育的冲击力很强。事实上，每一次大众传播媒介的深刻变革，都会给人们的社会生活带来巨大的影响。而新媒体对思想政治教育的影响也不例外。在各种新媒体包罗万象的信息影响下，人们也潜移默化地改变着自己的生活方式、思维方式和价值观念。新媒体以其独特的传播方式和丰富的传播内容，对人们的思想、学习和生活方式产生着深远影响。大学生思想活跃、思维敏捷、易于接受新生事物，是时尚的永远追随者。新媒体以其信息资源的丰富和交流的便捷，必然成为大学生获取和交流信息的重要渠道，受到大学生的广泛关注和喜爱，使他们成为接触和使用新媒体最早、最直接的群体之一。大学生思想政治教育工作者应充分关注网络新媒体的影响，主动、积极地利用新媒体为思想政治教育工作服务，不断丰富工作的新手段，开拓育人的新空间，从而影响现代教育的载体形式、影响教育主体的优势地位、影响新媒体时代的思想政治教育的内容。

（二）新媒体技术的冲击

新媒体作为一种新兴的传播媒介，正在经历着一个从起步到日趋成熟的阶段。而新媒体技术的快速发展则改变了人们的生活方式，改变了人们的思维方式，改变了人们获取信息的渠道，从而在一定程度上促成了新媒体时代的思想政治教育的现状。换句话说，新媒体技术对大学生思想政治教育带来强烈的冲击。媒体是教育进步、人类文化传播的必要手段，其进步与应用也不断地改变着、影响着思想政治教育的现状。而媒体技术本身也构成了一种新的教育内容、教育形式，它既是重要的社会惯例构成，也是工业体系的延伸……传媒加强人们新近形成的日常礼节和习俗，为人们重建认同感和记忆提供新的素材。在全媒体时代，新的媒体技术一方面迅速刷新人们的传统认知结构；另一方面也在塑造一种崭新的文化形态。从现实来看，新媒体赋予人们话语权、生产效率、传播力，增强了公开性、透明度和创造性。教育内容与形式及信息的传播途径从来没有像今天这样丰富、多元、及时和生动；同时，新媒体也从来没有像今天这样被人们与社会所关注。这样导致的结果便是新媒体技术冲击着原有的教育载体，使当今大学生思想政治教育载体严重滞后，不适应新媒体时代教育载体的需求，因此，新媒体技术的冲击在一定程度上影响了现代思想政治教育的现状。

（三）新媒体社会发展的刺激

新媒体发展到今天，和它所处的社会环境是密不可分的。新媒体环境是在信息技术日新月异变化的新形势下，互联网的互动、手机与互联网的互动，及互联网络、手机网络、电视网络三网融合而形成的。随着科学技术和经济、社会的发展，由网络与手机等新媒体形成的新媒体环境迅速实现了阅读、书写、运算和传播方式的重大改革，从而使教育从时间、空间和实践结果上也引起了一场大革命。而这场革命同时也会为新媒体社会的发展带来一定的影响；同时，社会发展的刺激作用也十分明显。

在目前这样一个充分多元化地利用新媒体技术而传播信息的大市场上，大一统的受众群体则越来越被分割为众多小型的、社区化的、多方向的传播交流小群体；而数字化生存、信息资源的丰富性和传播手段的多样化，将是众多纸质媒体在网络时代追求的目标。由于技术革命与技术创新所推动的发展是不可抗拒的，技术落后和生产方式的陈旧而导致的被淘汰，也是不可避免的，因此，新兴媒体的出现是对传统媒介权力的解构。新媒体会导致新的权利中心的出现，从而在现存的主导性的威权内部引发日渐激化的紧张状态；另外，新媒体有时候会绕开已经建立起来的媒体传输机构，发布遭到禁止或限制的信息，通过这种方式来破坏控制社会知识的等级制度。然而，媒体被视为承担了广泛的社会利益的社会机构，其基本职能就是满足社会公众的各种精神文化需要，即"社会公器"的"公共利益"诉求。为此，媒体的内容呈现也必须符合有形或无形的社会规范，其结构组成和社会活动必须受到一定程度的限制，因此，从这个角度来理解，新媒体社会发展到今天，它对思想政治教育的刺激作用在一定程度上造成当前的教育现状。

综上所述，新媒体时代大学生思想政治教育现状错综复杂。一方面，大学生群体是互联网使用的主力军，其思想、行为及心理状况均受到互联网不同程度的影响；另一方面，受新媒体技术、新媒体时代及社会环境等因素的综合影响，大学生思想政治教育本身在教育内容、教育载体、教育主体等方面存在一些问题，影响了大学生思想政治教育的实效性及其发展。为了解决这些问题，对当前的大学生思想政治教育现状分析其成因，并根据原因实施针对性的创新策略，势在必行。

第四节　新媒体时代大学生思想政治教育现实创新对策

新媒体时代，大学生思想政治教育遇到了前所未有的挑战和机遇。我们应该充分认识到大学生思想政治教育所面临的新境遇，认真分析社会环境变化对大学生思想政治教育产生的深刻影响，思想政治教育在新境遇下的新变化及其呈现出的新特点等，从而寻求并创新适应新媒体时代的大学生思想政治教育新方法、新对策，促进大学生思想政治教育的不断进步与发展。

教育对策的创新，包含的范围很广，针对前面所分析的问题可以看出，目前对大学生思想政治教育的创新应主要针对以下儿方面，即思想政治教育内容创新、丰富思想政治教育载体、提升思想政治教育整体水平、拓展思想政治教育途径。

一、丰富思想政治教育内容

大学生思想政治教育同样需要与时俱进。而丰富是为原来的思想政治教育注入新鲜血液，促进大学生思想政治教育的发展，使其顺应新媒体时代发展的潮流，确保大学生思想政治教育做到与时俱进。大学生思想政治教育发展到当今的新媒体时代，其教育内容需要丰富与创新。新媒体时代的冲击会对原有的教育内容造成影响，使之不再适应或者说不再完全适应当今时代的发展需求；当代大学生的思想行为"日趋宽泛和分散，思想文化需求日益多样，价值取向日趋多元。"这些现状，也造成原有的教育内容不能充分满足当代大学生适应社会的需求。加之原有的教育内容在当今社会看来过于单一与陈旧，的确需要吸收新鲜成分，因此，丰富大学生思想政治教育内容是正确的选择。本书认为，应从以下方面考虑丰富其教育内容。

（一）发挥内容实效性

理论联系实际，是马克思主义的基本原则，是实事求是思想路线的要求，是马克思主义学风的体现。而理论联系实际，就是要从马克思主义基本原理出发，联系社会实际与国内外大局，继而去发现和分析问题。在当前新媒体时代背景下，大学生渴求自由个性，思想状况层次不一，因此必须从学生具体实际出发，制定并围绕不同的教育目标来设计创新教育内容，积极开展贴近学生的教育引导活动。

发挥内容实效性必须紧扣大学生身心发展实际特点，从改革开放和社会主义现代化建设的实际出发，从大学生的思想实际出发，将时代特征与"三观"教育紧密结合，联系思想教育与知识传授，例如，开发"时政教学"模式，挖掘时政新闻与教材知识的交汇点，将国家要事、社会大事、百姓难事融入思想政治教育中来，成为一部生动的现实教材。

（二）创设内容层次性

在新媒体的时代背景下，思想政治教育不能仅停留在澄清价值与教授知识的表层，而要走向价值抉择与理念明确的里层，这便要求思想政治教育的内容不能只做门而功夫，而是要做到层次分明，内涵丰富。有学者曾将思想政治教育内容分为以下三个层次，第一层次是以马克思主义基本原理概论、毛泽东思想和中国特色社会主义理论概论、思想道德修养与法律基础等思想政治理论课为主，这一层次居于思想政治教育内容的核心地位；第二层次是以参考资料、典型案例及与其相关的链接网站等与核心内容相符合的背景知识介绍和述评为主，这一层次居于次要地位；第三层次是以大量集合新的观点、优秀成果和名师讲座等形式为主，主要目的为拓宽学生的视野，将教育居于内容本身的延伸线上。

由此可以看出，创新思想政治教育内容可以充分发挥新媒体优势，利用逐步渗透、层层递进的方式，构建传统思想政治教育内容与创新型思想政治教育内容相结合的体系，其中既有中国特色社会主义理论体系的思想教育，党的基本纲领、基本理论、基本经验教育，中国革命建设及改革开放的教育，民族及时代精神教育，社会公德、家庭美德、职场道德教育，也有健康教育、人文精神及科学素质教育、法制道德教育，心理健康教育。将思想政治教育与大学生特色及新媒体时代需求结合起来，才能更好地发挥教育的更大功能。总而言之，创新思想政治教育内容必须以受教育者的背景、喜好及需求为基础，创设层次多样的教育内容，提升思想政治教育内容针对性。

（三）重视内容服务性

就本质而言，思想政治教育其实更像是一种提升大学生思想素质的服务，思想政治教育内容需要一定的说教成分，但更应包含心理层面的辅助，着力扭转大学生在世界观、人生观、价值观方面遭遇的迷茫心境，全力解决大学生在学习、事业、爱情等方面遇到的困难问题，立足尊重、信任与关怀，帮助大学生树立正确的价值观念，使其成为明辨是非的主体，使其顺乎社会主流发展趋势的要求。

注重教育内容的服务性，是创新思想政治教育内容的一个较为重要的方面，是创新思想政治教育内容的可靠路径，是构建思想政治和谐教育的正确途径，思想政治教育内容的服务性应注重发挥大学生的积极个人因素，摒除消极个人因素，用以人为本的教育理念为指导，为大学生创设倾诉与表达的平台，积极鼓励其投身社会主义主流文化的建设。

二、丰富思想政治教有载体

思想政治教育载体，是指在思想政治教育的过程中，能够承载和传递与思想政治教育有关的内容或信息，并为思想政治教育主体所运用，促使思想政治教育主客体之间互动的活动形式和物质实体，它包括传统载体和现代载体两种。传统载体指的是思想政治教育过程中早己产生且至今仍持续发挥作用的载体，主要包括研讨会，座谈会、面谈等形式，现代载体则指的是随着现代社会发展而产生的带有全新时代特征的载体方式，从当前来看，新媒体便是现代载体的重要部分。此外，若是从活动主体、方式的差异角度来分类，也可将载体形式分为物质载体（如校园风格），制度载体（如学校管理规章制度）、精神载体（如校园文化活动）、传媒载体（如广播、报纸、电视、书籍等传统媒体和新媒体）等，伴随新媒体时代的降临，思想政治教育的主客体呈现多重发展趋势，丰富的载体成了进行思想政治教育工作的重要手段。

（一）加强载体数字化建设

当今时代，数字化技术日新月异，蓬勃发展，对思想政治教育的革新也起到强有力的推动作用，深入建设数字化教材体系，努力开发与大学生身心发展特点相匹配，与思想政治教育目标与任务相吻合的优秀新媒体教学软件，不仅是与时俱进的创举，更是发展思想政治教育载体的有效途径之一。在加强数字化载体建设的实践方面，我们可以看到许多生动而又富有实效的事例，例如，清明网上公祭活动、网上党建论坛、网络党校、虚拟班级等，这些数字化载体的具体体现，从一个侧面反映出了新媒体时代浓浓的时代气息。

（二）加深载体复合化建设

作为一个结合了传统媒体与现代媒体的独特的生态系统，校园载体具有整体性、开放性及动态性等特点，归结成－点便是具有极强的复合性，因此，校园载体复合化建设直接影响其载体最大功能的发挥。加深载体复合化建设，首先必须巩固加强传统媒体教育，发挥校园广播、校园宣传栏、校报、校刊等宣传阵地在校园文化建设中的传统优势。其次，应当在融合校园各类媒体的基础上，创造新的媒体环境，重新整合各类媒体，打造新的媒介形式，如可运用体育场媒体、教学楼媒体、生活区媒体、校园走道媒体等形式展开思想政治教育活动。对各类校园媒体的有效运用，有利于构建意识形态及思想政治教育阵地，通过持续传递正确的思想观念及指导价值，继而营造融洽的育人氛围，促进当代大学生思想政治教育实效性效果的实现。

（三）加快新旧载体互动化建设

首先需要明确一点的是，新媒体的所谓"新"是相对的，它同样是在不断发展的，例如与报纸相较，广播是新媒体，而与电视、网络相较，广播则又退位为旧媒体了。实际上，新媒体与旧媒体长期共存，并无完全取代之说，新旧媒体只有广泛开展合作，加快互动化建设，才能适应不同文化程度、不同经济条件、不同个人偏好的大学生的个性化的需求。这方面要做的工作首先是将新媒体技术与传统教育方式进行有机结合，充分发挥载体的合力作用，令传统思想政治教育得以朝着创新道路前行，从而丰富思想政治教育途径与方法，满足不同学生群体在不同阶段下接受思想政治教育的需要。其次，则要探索虚拟空间与现实空间相统一的工作新思路，既要通过网络、手机等新形式采集学生的心理动态，也要通过意见箱、报告会等旧形式分析处理学生的思想问题。

尽管新媒体技术在信息传播中扮演着关键角色，但传统媒体在公信力及导向性方面仍保有自己的独家优势，在今后较长阶段内都不会被新媒体技术完全取代，因此，在新媒体时代背景下，只有将新媒体与旧媒体进行有效融合，才能形成良性互动、优势互补的新格局，推动大学生思想政治教育工作效率的最优化。

三、提升思想政治教育水平

思想政治教育水平的高低与教育者本身及教育工作如何开展等因素有关。教育者始终是教育的主力军。教育者综合能力的高低从很大程度上能够决定教育质量的好与坏，因此，为了确保、提升当代大学生思想政治教育的质量，必须要拥有一批素质高、综合能力强、创新意识突出的教育工作者。另外，为了保证教育的实效性，如何正确、合理而又有效地开展当代大学生的思想政治教育工作，也是一个关键因素。

（一）切实提升大众传媒从业人员综合素质

根据传播学原理，大众传播效果的形成受到多种因素和条件的制约，但在这一过程中居于最优越地位的无疑是作为传播主体的传播者。传播者掌握着传播工具与传播的手段，还决定着传播信息内容的取舍，是传播过程的控制者，发挥主动的作用。

当代社会，随着社会节奏的加快，人们的日常生活越来越离不开大众传播。当下，社会节奏日益加速，大学生的日常生活也与大众传播紧密相连，但大众传播在为大学生生活带来诸多积极影响的同时，也不可避免地带来一些负面效应。如，一些反党反人民、仇视社会主义、否认改革开放巨大成就的不良言论，会对大学生的价值理念产生干扰，而那些包含色情暴力的低级庸俗的不良信息更是会侵蚀大学生的心智。要解决这些问题，就必须牢牢把握大众传播的舆论导向，使其发挥正面的传播和教育效果，这个时候，作为控制者的大众传媒从业人员便起到至关重要的作用，因此，只有切实提升大众传媒从业人员的综合素质，才能开辟一条正确畅通的思想政治教育信息传播道路。

1. 进一步提高大众传媒从业人员的政治素质

提升大众传媒从业人员综合素质首先要加强其政治素质。由于受众复杂多样，大众传播的道路也必然是多样化，但不管怎样蜿蜒曲折，其大方向必须是始终沿着中国特色社会主义发展路径前行。因此，作为大众传播活动的引领者，大众传播从业人员必须注重培养自身政治素养，一方面，要主动提高自身理论政策水平，深化思想政治意识，树立正确的传播观；另一方而，要积极提升道德素质和文化素质，加强自身责任感和自律性，使自己成为道德高尚的传播者，从而把积极向上的信息传播给广大大学生。

2. 完善大众传媒从业人员的自律机制

自律是社会道德责任感的重要体现，传播者只有遵从职业操守，恪守道德规范，实事求是地传播信息，才能在受众中产生积极影响。媒体只有发挥好监督职能，曝光不良风气，宣扬社会正能量，才能形成良好的社会舆论氛围，也正只有依托优良的社会舆论环境，思想政治教育工作才能达到预期的良好效果。

（二）培养专业的思想政治教育者

发挥好大众传播载体的思想政治教育功能，除了需要切实提升大众传媒从业人员的综合素质之外，对广大思想政治教育者进行培养也很必要。加强思想政治教育者队伍的培育，提高思想政治教育者的综合素质，将更有利于利用大众传媒载体落实好当代大学生思想政治教育工作。

1. 更新观念

观念促成行动，要培养专业的思想政治教育者队伍，必须要以现代化的思想政治教育观念为先导，着力转变固有的旧观念。一方面，思想政治教育者要明确大众传播载体的有效地位，认清其在思想政治教育工作中起到的关键作用，大学生思想政治教育活动必须有效利用大众传播载体，调动大学生在思维模式、生活方式等方面的有效转变；另一方面，思想政治教育者们也要认识到当代思想政治教育工作在新媒体时代背景下的紧迫感，必须从提升自身政治理论水平出发，牢固掌握思想政治教育规律，深度熟悉大众传播相关知识，深入把握大众传媒特点，这样才能从容应对大众传播带来的种种挑战。因此，新媒体时代的思想政治教育者要时刻带着新认识和新观念，牢牢把握住大众传播这个载体。

2.学习传播学技巧

所谓传播技巧，指的是在传播活动中，为顺利达到说服目的而采用的方法与策略，它是通过对传播规律、原理进行灵活运用而表现出来的一种既特殊又具体的传播方法，其主旨是为传播谋略与内容服务的。传播技巧是传播理论的关键要素，是传播者理论经验与政治素养的集中体现，通过合理地运用传播技巧来组织思想政治教育信息的传播，可以有效地将要传播的信息传给受众，作为新媒体时代的思想政治教育者，在充分利用大众传播载体的同时，还应积极主动地将传播技巧整合到具体的思想政治教育活动中来，切实加强思想政治教育活动的传播效果。专业的思想政治教育者队伍的发展壮大，需要思想政治教育者们深入学习贯彻传播学知识，理解传播学技巧，利用扎实的理论知识，结合学生实际特点展开具有强烈感染力的生动活泼的思想政治工作，只有这样才能达到预期目的。

（三）发挥多种媒体良性互动的综合效应

大众传播的不同传媒各自具有不同的优势和特点，如何有效利用不同传媒特点，从而形成多种媒体优势互补、良性互动的综合格局，是我们在创新大众传播载体时应大力思考的问题。

1.要了解和熟悉各类传媒的特点，有针对性地开展思想政治教育工作

不同的大众传媒具有自身与众不同的特点，不同的接收者对大众传媒的接受程度也不尽相同。例如，对于报纸、书籍而言，大学生文化程度较高，对其巨大的信息量及丰富的内容能较好地理解，因此它的理论色彩可以浓厚一些，而电视、网络等更新速度快，应尽量避免使用晦涩难懂的表达方式，而应多采用明快简洁的语言来进行信息传递。因此，思想政治教育者应当根据不同情况，采用不同的传播方式，以期达到最优的教育目的。

2. 要多种媒体优势互补、良性互动，全方位多角度地展开思想政治教育工作

大众传媒形式多样，不论报纸、广播、电视、网络都能够独立担当思想政治教育的有益载体，并且灵活地发挥好其教育功用。因此，思想政治教育者应灵活运用各种传媒手段，加强各类媒体的导向作用，在传播中潜移默化地渗透道德素质与精神价值。此外，思想政治教育者还要协调好各种传媒方式之间相互补充的关系，发挥互补性，提高影响力。

3. 要认可教育客体的主体性，加强互动性

在大众传播活动中，尊重认可教育客体的主体性，是增强其主体意识的必然要求，也是运用好大众传播载体的有力需要；而"互动"则可以充分体现受众的利益，令受众自愿参与到大众传播活动中来。因此，调动大学生的主体意识，令其参与传播互动，不仅能使大学生的精神文化需求得以满足，而且也能使其利益得到体现。

四、拓宽思想政治教育途径

由于大学生思想政治教育走入了新媒体时代，因此大学生们也开始表现出许多全新的特点。在新的时代背景下，原有的思想政治教育途径显得非常狭窄，既与当代大学生所需的思想政治教育不适应，又不利于思想政治教育在新媒体时代下的持续发展。因此，如何有效地利用新媒体，加强思想政治教育的实效性和针对性，对现有的思想政治教育进行创新，拓宽思想政治教育途径，下面提出几点思考。

（一）转变观念，加强学习，实现新时代教学结合

长期以来，大学生思想政治教育多采用灌输式教育法，老师、学校、主流媒体拥有无可置喙的话语权威，对大学生的教化往往采用说教的形式，极易引发大学生受众的逆反心理。在新媒体时代的背景下，这种传统老旧的思想政治教育方式弊端尽显，已不适应如今时代的发展需要。新媒体时代，大学生思维活跃，独立思考能力强，对新媒体信息兴趣浓厚，对于新媒体技术也能快速熟练地掌握，并即时运用到自己的学习生活之中。相比之下，许多高校思想政治教育者因循守旧，接受新生事物的能力薄弱，加之受自身新媒

体技术所限，思想政治教育过程中时代感不强，思想政治教育工作往往达不到预期的理想效果。因此，在新媒体时代，高校思想政治教育者必须重新考虑新媒体元素的重要性，自觉将其融入日常的思想政治教育中，同时紧扣大学生身心实际有针对性地开展思想政治教育工作，根据不同学生特点适时转换教育方式，充分体现互动性，让学生们自己主动接触新媒体，通过接触来学习自己需要的知识，即做到教学结合。另外，教育者本身还需提高自身的技术水平，与时代接轨，与社会及时代发展的需要接轨。新媒体时代的思想政治教育不仅是实施教育，更是不断地进行自我教育，因此，思想政治教育者要时刻注意把握新媒体技术，不断更新教育观念，充分利用新媒体实现教学结合，从而使思想政治教育不断发展与创新。

（二）拓宽渠道，加强引导，提升大学生媒介素养

面对具有多元化、虚拟性和自由性的新媒体，大学生思想政治教育工作者要积极拓展新的教育渠道，加强大学生的媒介素养教育。所谓媒介素养，是指人们对各种媒介信息的解读、批判能力和使信息为个人生活、社会发展所用的能力。在新媒体时代，每个人既是信息的输入者，也是信息的输出者，因此，媒介素养应包括作为输入者的素养和作为输出者的素养两方面。作为输入者，即作为接收者，应能够理性分析媒介信息的能力，尤其对消极负面信息的批判抵御能力；而作为输出者，即作为传播者，则要自觉提升素养，强化自身的道德精神。面对新媒体时代的海量信息，一部分大学生因辨别能力不足，成了消息落后信息的俘虏，甚至成为那些三俗文化的输出者。因此，思想政治教育者应拓宽渠道，加强引导，不断提升大学生媒介素养，要着重加强大学生对媒介信息的选择、处理、分析、理解、评估、运用的能力，及输入输出媒介信息的能力。例如，思想政治教育者可以将道德教育融入课程教学中，或利用知识讲座、选修课等方式锻炼学生的媒介素养，促使学生树立正确的媒体观，提高对有害信息的免疫能力，自觉恪守道德规范与媒体守则，科学运用新媒体资源，努力营造和谐文明的校园新媒体文化氛围，从而达到提高大学生媒介素养之目的。

（三）抢占阵地，增强监督，完善新媒体信息环境

新媒体来势汹汹，不仅形式生动，而且渗透力强，对此，高校思想政治教育者要学会科学利用网络信息载体，努力为思想政治教育创造便利条件。例如，建立以思想政治教育为主题的网站，抢占网络思想政治教育的新阵地，使思想政治教育内容从课堂的现实空间跳跃至网络的虚拟空间中。在主题网站的基础上，还可创设如讨论吧、论坛、微博等网络阵地，培养学生的"网络综合"能力。除了建设网站之外，还要重视后期对网站的管理和监督，运用先进的技术手段对网络的信息传播进行把关，通过设立网络监督员，对网络的一些不文明信息进行及时的处理和过滤，通过有效地监控和科学地引导，为大学生的健康成长铺开一片沃土。

另外，新媒体信息环境优化，要充分改善教育主客体周围的信息条件，综合利用积极因素，优化信息资源。完善新媒体信息环境是整个社会的责任，需要社会各方面的共同参与，政府应加强对大众传播的监察力度，保证大众传播的正确舆论导向，同时制定和完善相关法规，为大学生思想政治教育提供健康向上的社会大环境。高校则要深化对新媒体的研究，努力探索新媒体时代背景下思想政治教育工作的规律和新特点，将当代的思想政治教育内容融入新媒体的传播路径中，加强全局管理，为高校校园带来一个积极健康的新媒体信息环境，从而促进大学生思想政治教育积极健康地向前发展。在教育者层面，高校教师应根据自己的实际情况，努力提高新媒体综合技能和专业知识，确保在学生优势地位，不断创新与提高教育方法与手段，力争做到充分调动当代大学生学习思想政治教育的积极性，引导学生树立正确的科学观、人生观与价值观，坚决杜绝向学生透露不良信息、有害信息及可能危害学生身心健康的信息，积极引导学生如何杜绝不良信息的侵入、提高辨别虚假信息的能力、养成拒绝接受危害自己身心健康信息的习惯，在主观上做到优化新媒体信息环境，为当代的大学生思想政治教育事业尽自己应尽的责任与义务。

综上所述，新媒体时代下，大学生思想政治教育创新的主要关键就在于创新思想政治教育内容，丰富思想政治教育载体，提升思想政治教育水平，

拓宽思想政治教育途径。对于整个大学生思想政治教育策略的创新而言，做到这些还远远不够，需要更为深入、全面的研究。本研究为新媒体时代大学生思想政治教育创新提出了独特见解。

参 考 文 献

[1] 寿伟义，汪灿祥，周俊炯，单文荣等副，高职学生工作探索与创新大学生思政工作论文集 2017 年卷 [M]. 镇江：江苏大学出版社，2018.

[2] 杨如恒，新时代大学生思政教育 [M]. 石家庄：河北人民出版社，2018.

[3] 李从熙，付梅，艺苑思政集萃——全国第八届艺术类院校思政教学研讨会论文集 [M]. 昆明：云南大学出版社，2018.

[4] 曾学龙等，民办高职院校思政课协同育人教学模式创新的实践 [M]. 广州：广东高等教育出版社，2018.

[5] 李欣，网络环境下学校思政教育的改革与发展 [M]. 长春：东北师范大学出版社，2018.

[6] 李霓，新媒体时代大学生思政教育挑战与创新 [M]. 天津：天津科学技术出版社，2018.

[7] 施索华，裴晓涛，梁钦，武治国，李萌等副，新时代高校思政课的"打开方式" [M]. 桂林：广西师范大学出版社，2018.

[8] 邱双成，新时期中学思政教育前沿问题研究 [M]. 银川：宁夏人民出版社，2018.

[9] 张口天，美思有言诗乐同行诗情乐音话思政 [M]. 上海：上海大学出版社，2018.

[10] 滕飞，思行致新高校思政育人工作的探索与实践 [M]. 北京：中国经济出版社，2018.

[11] 马海燕，高职思政课实践教学教程 [M]. 陕西师范大学出版总社有限公司，2019.

[12] 崔戴飞，思政活动课程建设案例集 [M]. 北京：光明日报出版社，2019.

[13] 王亚凌，廖建光，高等数学课程思政改革版 [M]. 北京：北京理工大学出版社，2019.

[14] 郑盼盼，高职思政云课堂理论与实践 [M]. 杭州：浙江工商大学出版社，2019.

[15] 李慧，高校思政教育视阈下的婚姻家庭教育研究 [M]. 长春：吉林文史出版社，2019.

[16] 吕艳男，张亮，刘恩龙，迟昊婷，沈宁副，高校思政课理论教学与实践指导 [M]. 北京：研究出版社，2019.

[17] 杨惠媛，赵建，外语教学课程思政改革论文集 [M]. 天津：天津大学出版社，2019.

[18] 张晖，新时代农林高校思政课改革创新研究 [M]. 北京：中国农业大学出版社，2019.

[19] 夏维勇，政治学的教与学 [M]. 昆明：云南大学出版社，2019.

[20] 盖庆武，贺星岳，新时代高职课程思政理论与实践 [M]. 杭州：浙江工商大学出版社，2019.

[21] 杨增崇，杨国辉，当代思想政治教育若干前沿论域 [M]. 中国财富出版社，2020.

[22] 沈树永，大学生思想政治教育对策研究 [M]. 上海：上海财经大学出版社，2020.

[23] 荆筱槐，大数据与高校思想政治理论课 [M]. 北京：光明日报出版社，2020.

[24] 陈建成，朱晓艳，高校思想政治教育理论与实践研究 [M]. 北京：光明日报出版社，2020.

[25] 张慧荣，大学生思想政治教育的理论与实践 [M]. 长春：吉林大学出版社，2020.

[26] 周建伟，胡国胜，华南师范大学思想政治理论课社会实践优秀调研

报告选行走思考记录 [M]. 广州：华南理工大学出版社，2020.

[27] 吴玉程，新时代高校思想政治工作"三全育人"探索 [M]. 北京：知识产权出版社，2020.

[28] 边慧敏，李向前，新时代高校思想政治工作指导手册 [M]. 北京：东方出版社，2020.

[29] 谭月明，新时代大学生思想政治教育文化自觉研究 [M]. 北京：知识产权出版社，2020.

[30] 王利平，网络环境下高校思想政治教育方法研究 [M]. 武汉：武汉大学出版社，2020.